Wir haben unendlich Zeit

Dierk Schirrmeister

Wir haben unendlich Zeit

Den Tod meines Sohnes verstehen

Bibliografische Information der Deutschen Nationalbibliothek
Die Deutsche Nationalbibliothek verzeichnet diese Publikation in der Deutschen
Nationalbibliografie; detaillierte bibliografische Daten sind im Internet über
http://dnb.d-nb.de abrufbar.

© 2010 Dierk Schirrmeister
Satz, Umschlaggestaltung, Herstellung und Verlag:
Books on Demand GmbH, Norderstedt
ISBN 978-3-8391-9243-6

Mehr Infos auch auf www.bod.de

Inhalt

Vorwort

Auf dem Heimweg vom Einkauf rief ein Polizeibeamter auf dem Handy meiner Ehefrau an: Wir sollten im örtlichen Polizeikommissariat vorsprechen. Wir drehten um und fuhren zwei Kilometer zurück.

Ein netter älterer Polizeikommissar ließ uns Platz nehmen und sagte: „Ihr Sohn war in einen Unfall verwickelt und leider ist Ihr Junge dabei verstorben!"

Unter allen denkbaren Ereignissen war das fürchterlichste an jenem 3. März 2007 eingetreten. Die Nachricht traf mich in einer gelösten heiteren Stimmung und brachte mich an den Rand des Wahnsinns.

Im Folgenden erzähle ich, wie ich den Tod meines Sohnes in mein Dasein integriere (verarbeiten oder gar „darüber hinweg kommen" geht nicht), wie ich meine Erschütterung überwinde und wie ich allmählich in einen seelischen Gleichgewichtszustand zurückfinde.

Für mich ist heute klar: Ich ziehe mich nicht aus diesem Leben zurück und ich interpretiere dieses Schicksal als Notwendigkeit einer neuen Orientierung in meinem Leben. Dieses Schicksal gibt mir die Chance für die Entwicklung meiner Seele und für den Zugewinn an Erkenntnis.

Ich verfalle nicht in Depression, bin nicht (bis auf eine kurze Zeit wenige Tage nach dem Unfall) gefährdet, mein eigenes Leben auszulöschen. Ich frage mich nicht, warum mir ausgerechnet dieses Schicksal widerfuhr. Ich fühle mich nicht vom Schicksal oder von Gott ungerecht behandelt. Ich glaube auch nicht an einen bösen Zufall.

Wenige Monate nach Marcels Tod begann ich darüber zu schreiben, wer Marcel war und welche bizarren Ereignisse sich vor und nach dem Unfall abspielten (1. Teil).

Im 2. Teil stelle ich meine Beschäftigung mit verschiedenen Themen in den Mittelpunkt, die mir helfen, das Grauenhafte des Geschehens zu relativieren und den Schmerz zu lindern. Ich gelange so zu der Auffassung, Marcel ist nicht einfach „weg".

Ich betrachte dann auch kurz auf der Grundlage der angesprochenen Themen unsere allgemein gültigen gesellschaftlichen Normen und Werte sowie Medizintechnik und Organtransplantation. Diese Gedanken kamen mir zwischendurch und ich hielt sie für mitteilungswert. Sie stehen immer im Zusammenhang mit meiner Art der Bewältigung des Todes meines Sohnes und meinen Erkenntnissen über die Existenz seiner Seele speziell und unser aller Seelenbeschaffenheit.

Die durch neue Erfahrung ausgelöste veränderte Bedeutung der angesprochenen Bereiche erleichtert mein Leben.

Im 3. Teil beschreibe ich, wie sich Versuche der Kommunikation mit Marcel nach seinem Abschied aus der physischen Welt gestalten.
Der 4. Teil beschäftigt sich dann explizit mit dem Sinn des Lebens, der sich aus der Tatsache der Unendlichkeit unserer Seelen ergibt.

Teil I:
Gedanken von und zu Marcel im diesseitigen Leben

I. Ereignisse unmittelbar vor und nach dem Unfall

Ich war auch vor dem 3. März 2007 der Überzeugung, dass es sich bei allem und wirklich bei allem, was mir in diesem Leben widerfährt, um Herausforderungen handelt, an denen meine Seele wachsen kann.
Mir war stets bewusst, dass wir alle sterben werden und dass der Zeitpunkt im Angesicht der Unendlichkeit der Zeit und des Universums von untergeordneter Bedeutung ist.
Der Tod war für mich stets eine Illusion: Wir sind Wanderer zwischen dem Diesseits und dem Jenseits, bei Tod und Geburt wechselt unsere Seele lediglich die Seiten.

Diese Überzeugungen, die ich im Laufe meines Lebens gewonnen hatte, ließen mich recht gelassen mit dem umgehen, was mir im Leben begegnete. Ich vertrat die Auffassung, dass alles seinen Sinn habe und ich aus den Geschehnissen, die mich berühren und die ich zunächst negativ einordne das Beste machen müsse und möglicherweise aus ihnen lernen könne.
Ich stellte mir in dieser Zeit zu Anfang des Jahres 2007 die Frage, ob mich wirklich etwas erschüttern könnte. In der Vergangenheit, etwa bis vor einem halben Jahr hatte ich mir Sorgen um die Entwicklung meines inzwischen 21-jährigen Sohnes Marcel gemacht. Aber gerade in den letzten Wochen schien er eine erstaunliche Entwicklung durchzumachen, so dass auch die Sorgen um seine Zukunft in den Hintergrund traten.
Es war am 2. März 2007 als ich mit dem Zug nach Hannover fuhr. Ich hatte dort einen beruflich bedingten Termin wahrzunehmen.
Ich fahre meist mit dem Zug, weil ich dann entspannter am Ziel ankomme und die Fahrtzeit sinnvoll nutzen kann. So las ich an diesem Freitag während der Zugfahrt in Carlos Castanedas „Die Kraft der Stille".
Die Lehren des Don Juan Matus, einem mexikanischen Indianer, beschäftigen sich mit der Relativität von Realität und dem einen Sinn des Lebens,

das Wahrnehmungsspektrum von Wirklichkeit zu erweitern. Don Juan geht davon aus, dass der sog. leere Raum nicht leer sondern von Energie erfüllt sei. Hinter jedem Menschen befände sich ein solches Energiefeld, das einer leuchtenden Kugel ähnlich sei. Diese Kugel besitze nun einen Montagepunkt, der für die Qualität der Wahrnehmung des Individuums Ausschlag gebend sei. Nun könne der Mensch selbst den zu ihm gehörenden Montagepunkt aus der gewohnten Position an der Oberfläche der leuchtenden Kugel in eine andere Position an der Oberfläche oder in das Innere der Kugel verschieben.

Diese Verschiebung habe zur Folge, dass man die Welt verändert wahrnähme oder sogar eine ganz andere Welt erlebe.

Ich hatte nun trotz meines intensiven Interesses für die „Lehren des Don Juan" mir unter der „Verschiebung des Montagepunktes" nicht wirklich etwas vorstellen können. Auf Seite 216 kam ich aber einer Vorstellung näher: „Man müsse kein Schüler der Zauberei sein, um seinen Montagepunkt zu bewegen. Auch natürliche, wenngleich tragische Umstände – wie Krieg, Hunger, Stress, Erschöpfung, Trauer oder Hilflosigkeit – können unseren Montagepunkt zu extremen Bewegungen veranlassen." (1)

Ich wollte dieses Thema mit meinem 21-jährigen Sohn Marcel diskutieren. In philosophischen Themen hatten wie neben der Fußballbundesliga ein gemeinsames Interesse und Gesprächsthema.

Später gegen 16.00 Uhr erhielt ich von meiner Ehefrau Ully eine SMS: „Stell dir vor, Bruno hat in Marcels Bett gepinkelt! So eine Sauerei!"

Ich war sehr verwundert, weil unser Hund Bruno so etwas zuvor niemals getan hatte. Weitergehende Gedanken kamen mir nicht in den Sinn.

Kurz vor 18.00 Uhr steuerte ich den Hauptbahnhof in Hannover an, um von dort mit dem Zug wieder nach Hause zu fahren. Ich hätte mich nun sehr beeilen müssen, um den Zug noch zu erreichen. Andererseits hatte ich das Verlangen, ihn zu erreichen. Marcel, der in einer 80 Kilometer entfernt liegenden Stadt eine Ausbildung absolvierte, würde an diesem Freitagabend nach Hause kommen. Ich hatte ihn seit 3 Wochen nicht gesehen. „Nach Hause" bedeutet in diesem Zusammenhang, er kam zu seinen Eltern in den

Heimatort, wo er etwa 14 Jahre gelebt hatte. Nun, ich wollte nach Hause, um eben das auf der Hinfahrt Gelesene mit ihm zu diskutieren.

Wenn ich nun den 18.00 Uhr-Zug nicht erreichte, würde ich ihn an diesem Tag nicht mehr antreffen, weil er dann vermutlich bei meiner Rückkunft bereit zu seinen Freunden gegangen sein würde.

Und nun geschah etwas an diesem späten Nachmittag auf dem Weg zum Bahnhof, was ich zuvor niemals erlebt hatte und in der Folge bis heute nur noch weitere dreimal erleben sollte, nämlich am darauf folgenden Tag, den 3. März um 8.20 Uhr und in der Nacht vom 2. auf den 3. September des selben Jahres und am 22. Oktober 2008. Ich hörte kristallklar eine Stimme in meinem Kopf. Ihre erste Aussage lautete:
„Du brauchst dich nicht zu beeilen; du hast unendlich Zeit, mit Marcel zu diskutieren!"
Neben der Verwunderung über dieses neue Phänomen, was mich aber nicht erschreckte, dachte ich:
„Etwas übertrieben ‚unendlich‘, aber immerhin, morgen ist auch noch ein Tag!"
Ich kam so gegen 20.30 Uhr nach Hause, Ully erzählte mir von ihrer Begegnung mit Marcel; sie hatten gemeinsam gegessen; er verhielt sich außergewöhnlich freundlich, gut gelaunt und höflich. Gegen 19.00 Uhr fuhr sie ihn zu einem seiner Freunde.

Am folgenden Morgen stand ich gegen 7.30 Uhr auf. Zunächst las ich die Tageszeitung. Gegen 8.00 Uhr schaute ich in Marcels Zimmer, da die Tür nicht geschlossen war. Marcel war nicht nach Hause gekommen; sein Bett war leer und unberührt. Obwohl er nachts gelegentlich wegblieb und spontan bei Freunden übernachtete, war ich beunruhigt. Ich verließ den Raum und kehrte einige Minuten später zurück. Ich setzte mich an Marcels Schreibtisch. Eine eigenartige Ruhe überfiel mich. Plötzlich wurde der Raum durch das Ostfenster von Helligkeit durchflutet. Klar, es ist die Ostseite empfand ich, aber es war für einen Moment unnatürlich hell. Und nun vernahm ich wieder die Stimme in meinem Kopf:

„Du brauchst dir nie mehr Sorgen um dieses Kind zu machen!"
Gut zu wissen, dachte ich bei mir und verließ den Raum. Ich schaute auf
die Uhr des Elektroherdes in der Küche: Sie zeigt 8.20 Uhr. Ich berichtete
Ully, die sich in der Küche aufhielt von der Stimme in meinem Kopf. „Dein
Wort in Gottes Ohren", entgegnete sie.

Marcel war in diesem Moment seit 12 Minuten tot.
Am Morgen des 3. März um 8.08 Uhr starb er als Mitfahrer bei einem
Autounfall auf dem Heimweg nach einem Disco-Besuch.
Gegen Mittag des 3. März 2007 informierte uns die Polizei.
Neben Marcel saß Anna K., eine junge Frau. Sie starb 1 Woche vor ihrem
21. Geburtstag. Sie wohnte mit ihren Eltern uns schräg gegenüber.
Der Fahrer und zwei weitere Mitfahrer blieben nahezu unverletzt. Für
mich erscheint es wie ein Wunder, dass drei Menschen dieses völlig zer-
trümmerte Auto, das bei einer Fahrt-Geschwindigkeit von 100 km/h ge-
gen zwei Bäume geschleudert wurde und dann auf einer Wiese auf dem
Dach landete, ohne innere Verletzungen und Knochenbrüche verlassen
konnten.
Zunächst wollte ich möglichst schnell bei Marcel sein. Ich konnte den
Schmerz nicht ertragen, der immer deutlicher in meinem Körper spürbar
wurde und mich quälte.
Immer wieder fragte ich mich, wie der Unfall in der Wahrnehmung von
Marcel abgelaufen war und was er dabei empfunden hatte. Makabre Bilder
formten sich vor meinem inneren Auge. Es gab eine Nacht, in der ich etwa
10 mal den gleichen Traum hatte:
Ich stand an der Unfallstraße und betrachtete das Unfallgeschehen und
achtete auf Marcel, um zu spüren, was er in diesen wenigen Momenten vom
Beginn des Unfallgeschehens bis zu seinem Tod erlebt und erlitten hatte.
Der Wagen kommt von der Straße ab, schleudert über die Gegenfahrbahn
gegen den 1. Baum, dreht sich, fliegt mit der hinteren rechten Seite, auf
der Marcel sitzt, gegen den 2. Baum, dreht sich wieder und landet auf der
Wiese auf dem Dach. Marcel stirbt in dem Moment der Kollision mit dem
2. Baum sofort. Seine Schädeldecke wird eingedrückt.

Bekommt er das Geschehen mit?

Tritt seine Seele in diesem Moment des Todes aus dem Körper?

Wundert sie sich über das Geschehen?

Kann sie das Geschehen einordnen?

Nimmt sie das Geschehen hin und sieht zu, wie sie nach Hause kommt?

Erleuchtet sie das Zimmer im Moment meines Verweilens dort?

Alles Fragen, auf die ich in den nächsten Monaten Antworten erhalten sollte.

Einige Tage nach dem Unfall fuhr ich mit hoher Geschwindigkeit auf der Landstraße und starrte auf entgegenkommende LKW und verspürte den Drang, das Lenkrad meines PKW nach links zu ziehen und einen Zusammenstoß zu provozieren. Dann dachte ich an den LKW-Fahrer und an mein sicheres Auto, das mich möglicherweise den Unfall überleben lassen würde.

Die Vorstellung, schwer verletzt in einem Krankenhaus zu liegen und mit eingeschränkter Bewegungsfähigkeit weiter zu leben, war ebenso unerträglich wie mein Dasein in dieser Zeit.

Ich bin heute froh, noch zu leben und Erkenntnisse zu gewinnen, die ich hier niederschreibe. Ich weiß, dass der eigene Tod meine Probleme nicht lösen würde. Denn wie sagte ich zu Beginn: „Der Tod ist eine Illusion, wir sind Wanderer zwischen dem Diesseits und dem Jenseits, bei Tod und Geburt wechselt unsere Seele lediglich die Seiten."

Bei allem, was ich erlebe, handelt es sich um mehr oder weniger große Herausforderungen, die ich bewältigen muss, wenn meine Seele sich weiterentwickeln soll. Eine der größtmöglichen Herausforderung ist der Tod des eigenen Kindes. Deswegen ist die Möglichkeit zur seelischen Entwicklung und Reifung mit Hilfe dieses Erlebens besonders groß. Das Risiko des Scheiterns ist ebenfalls besonders groß, wie mein vorübergehender Wunsch nach Selbstvernichtung verdeutlicht. Ich bin froh, dass ich die Chance zum Wachstum ergriffen habe.

Nach dem Tod von Marcel setze ich mich mit bestimmten Fragen auseinander.

Wo ist Marcel?

Geht es ihm gut?

Wie halte ich das Gedenken an ihn wach?

Was war der Sinn seines Lebens?

Warum starb er zu diesem Zeitpunkt?

Was verband uns während seiner Lebenszeit?

Und auch: Was ist der Sinn dieses Dramas in Bezug auf mein Leben?

Diese letzte Frage macht deutlich, dass ich mich aus der Opferhaltung eines bösen Schicksals lösen will.

Der Tod von Marcel hat eine Bedeutung in Bezug auf ihn selbst, auf den Unglücksfahrer, auf Ully und mich, auf seine Freundin Rebekka, auf seine Großmütter, auf seine Freunde und – in schwächerem Ausmaß – auf andere ihn liebende Menschen.

Wenige Tage nach dem Tod meines Sohnes kommunizierte ich mit seiner Leiche, seiner ohnehin vergänglichen materiellen Hülle im Bestattungshaus. Ich sagte zu ihr – in der Hoffnung, Marcels Seele sei in der Nähe ihrer Hülle – was ich ihm zu sagen gehabt hätte, wenn er an dem Samstag nach Hause gekommen wäre. An dieser Stelle danke ich dem Bestattungsunternehmen. Ich spürte die echte Betroffenheit der dort tätigen Menschen, die uns auch aus ihrer eigenen Betroffenheit heraus alle Möglichkeiten des Abschiednehmens ermöglichten.

Marcel lebte seit etwa 1 Jahr ca. 80 Kilometer von seinem Heimatort entfernt und absolvierte dort eine Ausbildung als Kaufmann für Bürokommunikation. Seine Freundin Rebekka, die er seit etwa 3 Jahren kannte, besuchte dort ein Gymnasium. Ihre Freizeit verbrachten die beiden meistens zusammen. Marcel holte nach Beendigung seiner Arbeit Rebekka von der Wohnung ihrer Mutter ab. Sie gingen dann einkaufen, kochten und aßen zusammen, amüsierten sich, wenn Zeit blieb und gingen ins Bett, um am nächsten Morgen wieder gemeinsam aufzustehen.

Jeweils Freitagabend kamen sie in der Regel zu uns. Am Sonntagnachmittag fuhren sie wieder in ihr Domizil zurück. An diesem Freitag war Rebekka zuhause geblieben; sie wollte mit ihren Freundinnen etwas unternehmen und Samstag nachkommen. Marcel traf sich am Freitagabend mit Freunden.

Einer dieser Freunde, Christian, schilderte später ein ungewöhnliches Verhalten von Marcel am Abend vor seinem Tod.

Er habe den Eltern seiner Freundin sowie seiner Freundin und ihm sein bisheriges Leben bilanziert und über seine Zukunftspläne gesprochen. Die Eltern der Freundin von Christian kannte Marcel nur wenig.

Fremden Menschen gegenüber verhielt er sich sonst eher reserviert. Doch an diesem Abend philosophierte mein Sohn und bilanzierte dabei 5 Stunden lang sein Leben.

Kündigt sich der nahende Tod möglicherweise durch bestimmte Ereignisse und Verhaltensweisen an?

Etwa 4 Monate vor dem Unfall, als Marcel nachts in seinem Zimmer in unserer Wohnung gemeinsam mit Rebekka schlief, wurde er durch einen grellen Blitz im Zimmer geweckt. Der Blitz kann nicht von außen gekommen sein, da die Rollos heruntergezogen waren. Als das grelle Licht verschwunden war, ging die Außentür des Hauses, so die Wahrnehmung von Rebekka und Marcel.

Als mir Marcel davon erzählte, dachte ich, er hätte geträumt oder erzähle eine Wahrnehmung, die außerhalb der üblichen Wahrnehmungen läge. Rebekka aber hatte den Blitz ebenfalls wahrgenommen. Ich vertiefte diese Wahrnehmung der beiden in Gesprächen mit Marcel nicht weiter, da sie mich belastete und ich mir keine Erklärung vorstellen konnte.

Marcel verabschiedete sich bei seinem letzten Besuch bei seinen Großeltern (Eltern von Ully) mehrfach von seinem Großvater, der schwer erkrankt war. Er ging wohl davon aus, dass er ihn nicht mehr lebend wieder sehen würde, weil er, der Opa, bald sterben könnte. Sie unterhielten sich lang über den Tod und eine mögliche Existenz der Seele nach dem physischen Tod. Marcel und Opa Hans sollten sich tatsächlich nach diesem letzten Besuch in der diesseitigen physischen Welt nicht wiedersehen.

Etwa 14 Sunden vor dem Unfall schickte Ully die SMS, dass unser 2-jähriger Hund auf Marcels Kissen in dessen Bett gepinkelt hatte. Dieses oder ähnliches Verhalten zeigte er zuvor genauso wenig wie jemals nach dem Tod von Marcel. Was kann ein Hund ahnen? Es bleibt für immer sein Geheimnis, ob und was er geahnt oder befürchtet hatte.

Nach dem Disko-Besuch versuchte Marcel anscheinend ein Taxi für die Fahrt zu uns nach Hause zu bekommen, denn die zuletzt gewählte Nummer auf seinem Mobiltelefon war die des ihm bekannten Taxifahrers. Es ist ihm nicht gelungen. So ist er in das Auto des ihm nahezu fremden Menschen eingestiegen, was für ihn ein ungewöhnliches Verhalten darstellte.

Mir scheint es, dass die Ereignisse kurz vor dem Unglück und das Verhalten Marcels in den letzten Wochen und Tagen vor seinem Tod dieses Geschehen bei genauer Betrachtung vorausahnen ließen.

Marcel hatte sich verändert. Er bilanzierte sein Leben.

Wenige Minuten nach dem Unfall offenbarte er sich in mir bis dahin unbekannter Art und Weise.

Wie ich heute aber weiß und später belegen werde, kamen die Worte „du brauchst dir keine Sorgen mehr um dieses Kind zu machen" weder aus seiner Seele noch aus meiner.

Eine Woche nach Marcels Tod fand die Trauerfeier statt. Ein großes Bild, das ihn im Alter von 20 Jahren darstellt, stand auf einer Staffelei neben dem Sarg. Wir hatten einen Trauerredner engagiert, der Marcel in seiner Rede würdigte.

Dies geschah weitgehend entsprechend der Wertvorstellungen und Gedanken zu Leben und Tod, die meine Frau Ully, Marcels Freundin Rebekka und ich teilen. In den Tagen vor der Trauerfeier bestand ein reger Kontakt zwischen uns und Herrn Müller, der die Rede verfasste und vortrug.

Nun, während der Trauerfeier starrte ich auf dieses Bild. Der geschlossene Mund öffnete sich und Marcel lächelte. Er wurde dann wieder ernster;

das Bild fand zu seinem ursprünglichen Ausdruck zurück. Dann lächelte er wieder und auch wieder nicht und dies wiederholte sich einige Male.

Ich bin ein sehr rational geprägter Mensch und frage mich stets bei Vorkommnissen, die ich nicht erklären kann, spinne ich oder gibt es eine „vernünftige" Erklärung. In den Momenten des Lachens in Marcels Bild rationalisierte ich meine Wahrnehmung als Folge psychischen Stresses. Sofort nach Ende der Trauerfeier sprachen mich aber andere Trauergäste an, ob ich genau dieses Phänomen des Lachens von Marcel auf dem Bild beobachtet hätte. Diese Menschen saßen soweit auseinander, dass sie sich nicht bis zum Zeitpunkt des Gesprächs mit mir gegenseitig beinflusst haben konnten.

Alles im unendlichen Raum ist Energie! Die Seele, die sich im Augenblick des Todes vom Körper trennt, ist Energie. Existiert diese Energie auf einer anderen Ebene weiter, die man ASTRALEBENE nennt? Kann die Seele dann von dieser ASTRALEBENE unsere physische Welt beeinflussen?

Auf dem Hintergrund späterer Erfahrungen kann ich diese Fragen heute eindeutig mit „ja" beantworten.

2. Der Opa folgt seinem Enkel ins Jenseits

10 Tage nach Marcels Tod starb sein Großvater, der Vater von Ully. Mit ihm fühlte sich Marcel besonders verbunden. Sein ganzes Leben lang gab es zwischen den beiden längere ernsthafte Gespräche.
Der Opa gab Marcel Einblicke in sein Leben und in die damit zusammenhängende tragische Geschichte, die Menschen unseres Volkes in der Zeit ihrer Kindheit und Jugend meines Schwiegervaters widerfuhr.

Die Mitteilsamkeit des Opas gegenüber Marcel war außergewöhnlich, da er allgemein ein eher introvertierter Mensch war. Marcel hörte ihm stets aufmerksam und interessiert zu.

Nun war Opa Hans seit einigen Monaten schwer erkrankt. Die Krankheit würde aber voraussichtlich nicht in kürzerer Zeit sein Leben beenden.

Marcel schrieb ihm etwas 3 Wochen vor seinem Tod folgenden Brief:
„Lieber Opa Hans,
ich hoffe dir geht es den schlechten Umständen entsprechend gut und die Leute im Krankenhaus nerven dich nicht all zu sehr!
Dein momentaner Zustand stimmt mich sehr traurig und es fällt mir zeitweise schwer, mich auf andere Sachen zu konzentrieren. Allerdings denke ich auch oft an vorherige Zeiten. Die damit verbundenen Erinnerungen und Erlebnisse mit dir empfinde ich als durchweg positiv. Ich habe deine Art immer sehr gemocht bzw. mag sie immer noch und kann sie, wenn auch nur teilweise, glücklicherweise auch in mir wieder finden.
Ansonsten geht es mir recht gut. Schule und Arbeit laufen besser denn je. Ich schreibe nur Einsen und Zweien, war noch nie krank, arbeite ca. 10 Stunden am Tag. Ich habe gelernt, dass man den Problemen nicht aus dem Weg gehen darf!
Liebe Grüße
Marcel"

Als Ully Hans den Brief vorlas, blieb in diesem Moment unklar, ob er ihn in vollem Umfang begreift, denn an diesem Tag im Krankenhaus litt er unter starken Schmerzen und war von den Morphiumgaben sicherlich in seiner Auffassungsfähigkeit beeinträchtigt.
Im Krankenhauszimmer von Hans wurde noch ein Mann behandelt, der an einer Demenz litt.
Dieser Mann, der die Zusammenhänge seines alltäglichen Daseins im Hier und Jetzt nicht mehr erfassen konnte, meinte:
„Das ist aber ein lieber Enkel!"
Als Marcel dann starb, war Hans wieder zu Hause. Er konnte aber aufgrund der Entkräftung seines Körpers das Bett nicht verlassen. Er war nun pflegebedürftig und wurde von seiner Ehefrau Marga und einem ambulanten Pflegedienst betreut.

An Marcels Trauerfeier am 10. März konnte er daher nicht teilnehmen. Ihn mögen deswegen neben der ihn überflutenden Trauer auch Gefühle der Ohnmacht und tiefster Verzweiflung überkommen haben.

Am Tag seines eigenen Todes am 13. März war er bei klarem Verstand! Er kündigte in den Tagen zuvor schon seiner Frau an, dass er Marcel folgen wolle, sobald seine Tochter Ully wieder da sein kann. Wir konnten ihn in den Tagen vor dem 12. März nicht besuchen, weil wir ausschließlich mit der Gestaltung der Trauerfeier und den Formalitäten hinsichtlich der Beisetzung von Marcel beschäftigt waren.

Am 12. März aber, 9 Tage nach dem Unfall von Marcel fuhren Ully und ich in ihren Heimatort. Hier sollte eine Grabstelle unter einem Baum für Marcel ausgesucht werden. Hans war voll freudiger Erwartung. Das mitgebrachte große Foto von Marcel wollte er nicht ansehen, da es ihn mit einer für ihn unerträglichen Trauer erfüllte.

Hans erzählte noch einmal über sein Erleben aus seiner Kindheit – und er freute sich, Marcel bald folgen zu können. Ully bat ihn für diesen Fall, auch auf seinen Enkel aufzupassen, aber voller Überzeugung stellte er fest: „Das braucht Marcel nicht mehr, aber wir werden beide auf euch aufpassen!"

Er wirkte absolut nicht dem Tod geweiht und schlief ruhig und fast glücklich ein.

Am nächsten Morgen erschrak Hans beim Aufwachen. Er war traurig, immer noch zu leben, hatte er es sich doch so leicht vorgestellt, ins Jenseits übertreten zu dürfen.

Nachdem ihm nun die Fotos von den heute ausgesuchten Grabstellen für Marcel, für ihn und seine Frau Marga, für Ully und für mich gezeigt worden waren, freute er sich, da deutlich wurde, dass er – genauso wie Marcel – unter einer Birke – seinem Lieblingsbaum – beigesetzt werden würde.

Hans lehnte nun jede Form von Nahrung und Flüssigkeit ab. Er wurde immer unruhiger und litt unter starken Schmerzen. Die Schmerzen ließen sich auch durch zusätzliche Morphiumgaben nicht verringern.

Wir verdeutlichten ihm, dass er gehen dürfe, wenn er das denn wolle. Doch er schilderte voller Verzweiflung, indem er auf seinen Brustkorb zeigte, dass der Tod genau hier zum Stocken komme.

Am Nachmittag berichtete er dann mit schwacher Stimme, dass er schon „DA" gewesen sei, doch „ER" ihn wieder fortgeschickt habe, da er noch nicht dran sei. Niemand von uns traute sich zu fragen, wen er mit „ER" meinte.

Plötzlich wurde ihm sehr kalt. Er zitterte am ganzen Körper und voller Erleichterung schrie er: „Ja, jetzt kommt der Tod; ich kann ihn spüren!" Er wirkte fast euphorisch. Sein Atem wurde flacher, seine Schmerzen immer stärker; er stöhnte nur noch und seine bis dahin gesunde Auffassungsgabe erlosch innerhalb weniger Stunden.

Als am Abend der Hausarzt kam, war dieser völlig erschrocken, seinen langjährigen Patienten so vorzufinden, war er doch noch vor einigen Tagen sicher gewesen, Hans könne wieder genesen.

Aber auch ihm war nun klar, dass bei diesem seelischen Schmerz kein Morphium mehr helfen kann. Vor ihm lag ein Patient, der mit seinen letzten Kräften **für** und nicht gegen **den Tod** kämpfte!

Diesen Kampf für den Tod hat Hans dann schließlich am späten Abend gewonnen. Eines seiner letzen beiden Worte war „Mama!" Wir gehen davon aus, dass sie ihn schon erwartete. Marcel auch…?

3. Herausforderungen in Marcels Leben

Kinder ahnen ihren Ursprung oft. Viele von ihnen sprechen vom vergangenen Leben. *Marcel sagte, als er 6 Jahre als war: „Ich komme von ganz weit her und ich sehne mich nach dort manchmal zurück!"*

Was wollte er zum Ausdruck bringen. Wir haben nicht nachgefragt. Wir interpretieren die Geschehnisse des Lebens eher psychologisch. Damals befürchteten wir, das Kind fühle sich bei uns nicht wohl. Was haben wir falsch gemacht, dass es irgendwo anders hin will, es sich bei uns nicht gut aufgehoben fühlt? Wie machen wir dieses Kind glücklich? Das waren unsere Fragen, nicht: Wo kommt es denn her? Oder: Hat es noch geistigen Bezug zu seiner universellen oder spirituellen Herkunft?

Wer war Marcel in der physischen Welt?
Ully hat seit Beginn ihrer Schwangerschaft ein Tagebuch – mit Pausen – geschrieben und damit Ausschnitte aus dem Leben dieses bemerkenswerten Menschen festgehalten.
Marcel wurde am 6. August 1985 um 10.29 Uhr geboren. Es war – unüblicherweise bei einem 1. Kind – eine rasche Geburt. Erst um 7.30 Uhr waren Ully und ich im Krankenhaus angekommen.
Wegen einer „Gelbsucht" wurde Marcel in den ersten Tagen seines Lebens mit einer Lichttherapie konfrontiert, die meines Erachtens eine lebenslange psychische Problematik verursachte. Er schrie, wie wir später erfuhren in dem Phototherapiekasten. Er war dort wach; er schlief nicht, wie die meisten anderen Säuglinge. Er wurde dadurch traumatisiert.
„Ich habe noch nie erlebt, dass ein Kind so schreit und sich nicht beruhigen lässt", sagte die "schwachsinnige" Kinderkrankenschwester zu meiner Frau später.

Dieses Trauma erschwerte ihm das Einschlafen. Er konnte sich als Säugling und als Kleinkind nicht fallen lassen. Sonnenschein empfand er bis zum Ende seines Lebens – von Ausnahmen abgesehen – als „schlechtes Wetter". Er war übermäßig misstrauisch anderen Menschen gegenüber bis er sie sehr gut kannte.

Dieses Misstrauen mag aus der Erfahrung des Verlassenwerdens in den ersten Tagen seines Lebens durch die Mutter herrühren. Sie überließ ihn – unwissentlich, was aber in diesem Zusammenhang ohne Bedeutung ist – der Einsamkeit und Hilflosigkeit in einem begrenzten Kasten mit störendem hellem Licht. Das Gefühl der Hilflosigkeit und des Verlassen – Seins löst selbstverständlich in dieser Lebensphase eine massive Todesangst aus.

Das Vorgehen der Kinderkrankenschwester erinnert an Folter und stellt ein unverantwortliches Handeln der Kinderklinik dar. Vielleicht war aus diesem Grund das Verhältnis von Marcel zu seiner Mutter lebenslang gespannt – abgesehen von den letzten Tagen seines Lebens und auch großer Zeitabschnitte in den ersten 6 Lebensjahren.

Marcel wurde in seinen ersten 3 Lebensjahren nachts in der Regel zwischen 6 und 12 mal wach. Er schrie dann und ließ sich nur durch Körperkontakt beruhigen, schlief dann wieder ein, um bald wieder aufzuwachen und erneut zu schreien. Tagsüber lachte er viel; er war dann ein fröhliches Baby.

In den ersten Jahren seines Lebens drückte er seine Gefühle deutlich aus durch extrem lautes Schreien und durch fröhliches Lachen.
Ich fuhr oft gegen 6.00 Uhr morgens mit Marcel zum Bäcker, um Brötchen einzukaufen.
Zuvor war ich gegen 5.00 Uhr mit ihm aufgestanden, damit Ully endlich in Ruhe schlafen konnte. Ich baute dann mit Marcel Türmchen oder wir schauten uns Bilderbücher an.
Am Wochenende gegen 7.00 Uhr fuhr ich dann etwa ¾ Stunde mit ihm zu einem Stausee. In dieser Zeit konnte Marcel wieder schlafen. Er schlief beim Auto fahren immer ein.
Auf dem Spielplatz am See war er wie zuvor seit 5.00 Uhr putzmunter und spielte nach Belieben, Lust und Laune. Sobald aber die ersten fremden Kinder ankamen – in der Regel so gegen 9.00 Uhr – wollte er wieder nach Hause. Na, wenn wir gegen 10.00 Uhr zu Hause wieder angekommen waren, hatte Ully genug geschlafen.

Marcel zeigte Misstrauen gegenüber anderen Kindern. Er tat sich schwer im Kontakt mit ihnen, und er wehrte sich nicht, wenn er von anderen Kleinkindern drangsaliert wurde.
Normalisierte sich sein Kontaktverhalten zunächst mit etwa 2 ½ Jahren, so ließ das Kontaktbedürfnis in Bezug auf gleichaltrige Kinder im Alter von 3 ½ Jahren wieder nach und verschwand in der Beziehung zu fremden Kindern ganz. Es

gab einige Bekannte, mit denen er sich einlassen konnte. Eine überragende Rolle kam hier seiner Kinderfreundin Jessica zu, die am 21 Oktober 1985 geboren wurde und somit gut 2 Monate jünger als er war.

Jessica und Marcel waren beides Einzelkinder, die sich zueinander wie gleichaltrige Geschwister im positiven Sinne verhielten. Sie spielten miteinander ruhig und sie machten miteinander allen möglichen Blödsinn, auch bis tief in die Nacht hinein.
Es gab kein anderes Kind, bei dem er sich im gemeinsamen Miteinander fallen lassen konnte. Sie inspirierte ihn durch ihre Kreativität und durch ihre offensichtliche Liebe ihm gegenüber. Wenn sie zusammen waren, befreite sie ihn eine Zeit lang aus seinem Gefängnis, in dem er seine Gefühle nun oft einzwängte.

Sein äußeres Gefängnis in den ersten Tagen seines Lebens – die Phototherapie – war zu einem inneren Gefängnis geworden, aus dem er sich in der Begegnung mit ganz wenigen Menschen befreien konnte, dazu gehörten Jessica, oft seine Eltern, oft seine Großeltern, und gelegentlich zwei Freunde von uns und einige andere Freunde bzw. Freundinnen von ihm. In den letzten 10 Jahren seines Lebens wurden diese Personen dann zunehmend durch neue Freunde abgelöst, zum Ende seines Lebens handelte es sich um 5 Freunde und um Rebekka, seine Freundin, mit der er etwa 3 Jahre zusammen war. Oft gab es aber auch Phasen in diesen letzten 10 Jahren, in denen er sich wohl niemandem anvertrauen konnte.

Marcel war von Beginn seines Lebens an zuverlässig. Was er versprach, hielt er, wenn er etwas nicht halten wollte, versprach er es nicht.
Es gab in unserem ersten gemeinsamen Wohnort in der Nähe von Bielefeld, wo wir die ersten 6 Jahre von Marcels Leben wohnten, eine Kleinkindgruppe, die sich zweimal in der Woche mit einer ausgebildeten Erzieherin und einem Elternteil traf. Marcel schien diesen Kontakt zu hassen. Es machte oft Gezeter, wenn er dort hingehen sollte.

Als er mit Ully einmal auf einer Kirmes Autoscooter fahren wollte und sie ihm ihre Abneigung mitteilte, sagte er: „Dann musst du deine Angst einfach mal *überwinden." Darauf Ully: "In Ordnung, wenn du deine Angst überwindest und mit den Kindern in der Rasselbande spielst." Er war zuverlässig. Er ging nun ohne Schwierigkeiten in die Rasselbande – vordergründig betrachtet. Er wird sich gezwungen haben, Angst zu überwinden. Er ließ sich nichts anmerken, weil er es ja versprochen hatte.*

Ich bereue es, darauf bestanden zu haben, dass er in die Rasselbande geht. Ich habe meine eigenen Ängste auf ihn projiziert. Ich selbst war bis zu meinem 5. Lebensjahr in meinem Kontaktverhalten in meiner rückschauenden Betrachtung ebenfalls gestört.

Ich entwickelte nun eine diffuse Angst, dass Marcel ebenfalls im Kontaktverhalten Störungen entwickeln könnte und so in seinem Leben wenig Zufriedenheit und ein zu geringes Durchsetzungsfähigkeit erlangt.

Es ängstigte mich der Gedanke, dass die Beilegung der Störung bei ihm nicht so glatt verlaufen könnte wie bei mir.

Aufgrund meiner heutigen Erkenntnisse würde ich niemanden mehr an die äußeren Anforderungen unserer Kultur anzupassen versuchen, wohl wissend, dass ein gewisser Anpassungsgrad an die gesellschaftlichen und kulturellen Regeln zum Überleben und zur Entfaltung der Seele notwendig ist.

Die Krankheit unserer Kultur aber besteht darin, dass die Anpassung im Vordergrund steht und die Entfaltung der Seele dadurch vernachlässigt und von vielen Menschen dann ganz aufgegeben wird. Streben nach Macht, Geld und Anerkennung stehen im Vordergrund. Nach den Entfaltungsmöglichkeiten der Seele wird wenig gefragt. Entwicklung einer das irdische Leben überdauernden Seele ist kein gesellschaftliches Thema.

Viele Menschen in unserer Gesellschaft gelingt ihr Streben nach Macht, Geld und Anerkennung nicht – sie gelten wenig und sie haben nichts. Sie resignieren dann oft, weil sie nicht gelernt haben, sich auf sich selbst und die Entfaltung ihrer Seele zu besinnen, die weder Macht noch Geld noch Anerkennung braucht.

Viele Menschen erreichen die von sich selbst oder anderen Menschen definierten Ziele in unserer physischen Welt. Aber sind sie glücklich? Manche von ihnen verkaufen im wahrsten Sinne des Wortes ihre Seele für Geld, Macht und irdischen Status und irdische Anerkennung.
Heute würde ich mich mehr um die Erkenntnis vom Sinn der Seele meines Kindes bemühen.

Ich gehe davon aus, dass Marcels Seele ihre irdische Aufgabe erfüllt hat und deswegen in die ASTRALE WELT übergewechselt ist.
Was war der Sinn? Vielleicht die Überwindung des geschilderten Traumas aus den ersten Tagen seines Lebens. Sein Kontaktverhalten war zum Ende seines Lebens ebenso normal wie der Wille, seine Probleme selbständig zu lösen.

Sich um die Seele seines Kindes zu kümmern bedeutet nicht, was braucht dieses Kind, um als Erwachsener in dieser Gesellschaft erfolgreich zu werden. Natürlich bestehen die Ängste von Eltern – und meine eben auch – darin, das Kind könne sich ohne einen gewissen Anpassungsgrad und das Erlernen unserer Kulturtechniken nicht positiv entwickeln, weder seinen Körper, noch seine Intelligenz, noch sein Verhalten, und auch nicht seine Seele.
Sich um die Seele zu kümmern, bedeutet Vertrauen in das Wachstum derselben in dem Bewusstsein zu entwickeln, hier handelt es sich nicht um eine Lebensform, die nun 1, 2 oder 3 Jahre alt ist. Die Seele kann relativ alt oder jung sein (1000 Jahre oder 10000 Jahre, wir wissen es nicht); sie kann erfahren sein, sie weiß, was sie in diesem Leben in der physischen Welt zu tun hat. Sie existiert bereits über einige oder mehrere Inkarnationen in verschiedenen menschlichen Körpern. Sie existierte bereits vor der letzten Geburt in dieser physischen Welt und in der ASTRALEN Welt.
Die Seele meines Kindes ist vielleicht älter als meine Seele!

Es gilt, den Sinn der Seele seines Kindes und den Sinn von sich selbst zu erfassen.

In Bezug auf die Kinder könnte sich so eine ganz neue pädagogische Haltung entwickeln. Die Achtung vor der Seele der Kinder würde sich verändern.
Eine Lebensphilosophie und Lebenspraxis, die von größerer Geduld und Toleranz geprägt ist, hätte eine Chance.
Auch der Umgang mit Sterben und Tod würde die Tabuzone verlassen.

Die besten Zeiten, den Sinn einer Seele zu erfassen sind die ersten Lebensjahre eines Menschen. Das Kind ist in den ersten Jahren seines Lebens an die gesellschaftlichen Normen nur wenig angepasst und verhält sich dem zu Folge mehr aus seinen noch unverfälschten seelischen Belangen heraus. Auch im Angesicht des Todes, wenn die gesellschaftliche Wirklichkeit und die eigenen Rollen bedeutungslos geworden sind und der Sterbende den Blick auf die jenseitige Welt richtet, werden der Sinn und das Ziel seiner Seele in der gegenwärtigen Inkarnation deutlicher.
Aber es gibt auch in der Zwischenzeit Möglichkeiten der Besinnung auf die eigene Seele, auf den Seelensinn und das Seelenziel.
Krisen geben einen erweiterten Einblick in die eigene Seele. Ich schaue nun nach dem Schock des Todes meines Sohnes mehr in meine Seele als zuvor, abgesehen von 3 Tagen meines Lebens, als ich in einer völlig anders gearteten Form der Krise stets wusste, was richtig ist. Darauf komme ich im 3. Teil zu sprechen.

Marcel gab wie alle kleinen Kinder Weisheiten von sich, die wir – wie wahrscheinlich die meisten Erwachsenen – putzig fanden.
Heute geben sie mir Aufschluss über den Sinn und die Befindlichkeit seiner Seele. Ich wünsche mir die Chance, noch einmal einen kleinen Menschen in seinen ersten Lebensjahren begleiten zu können mit meiner heute vorhandenen Bereitschaft, den Sinn und die Befindlichkeit seiner Seele zu erfassen, zu lieben und zu fördern.

Marcel äußerte im Alter von 3 Jahren in Bezug auf eine um ½ Jahr ältere Freundin, die er mochte, dass sie manchmal spinnt. Dieses Kind hatte eine lebhafte

Phantasie und erzählte gern Dinge, die nicht der Wirklichkeit entsprachen. Mit Spinnen benannte Marcel genau dieses Verhalten. Dabei konnte er benennen, was denn an den Aussagen dieses Kindes nicht stimmte.
Im Alter von 4 Jahren äußerte er, lieber mit Mädchen zu spielen und war richtig glücklich, als auf Jessicas 4. Geburtstag außer ihm nur Mädchen eingeladen waren.
Am 7. November 1989 wurde deutlich, wie sehr sich dieses nun 4 Jahre und 3 Monate alte Kind Gedanken um Identität und Existenz macht: „Manchmal weiß ich gar nicht, ob ich ICH bin. Aber dieses Gefühl habe ich nur manchmal."
Ferner zeigte er eine überdurchschnittliche Sensibilität für das mögliche Empfinden aller Lebewesen. Er scheute sich sogar, Pflanzen zu verletzen.

Wenn es darum geht, den Sinn, die Weisheit und die Aufgabe einer Seele zu erfassen, um ihr bei ihrer Zielverwirklichung zu helfen, müssen wir in den ersten Jahren ihrer gegenwärtigen irdischen Existenz erfassen, was sie von sich gibt. In den ersten Jahren wird der Mensch noch die größte Nähe zu sich selbst – also zu seiner Seele und ihrer Bedeutung – haben. Je älter er wird, je mehr wird die Seele überlagert von kulturellen Ansprüchen.
Die Aussprüche der Kinder sind also nicht putzig; sie wirken lediglich unbeholfen, weil die Seele sich an unbekannte Kultureigenschaften gewöhnen und sie erlernen muss.

Wenn ich heute den 2-4-jährigen Marcel betrachte, zeigte er ausgelassene Fröhlichkeit und Misstrauen nebeneinander, Realitätssinn, Zuverlässigkeit, Sensibilität und Nachdenklichkeit in Bezug auf sich selbst und andere.

Als Marcel 6 Jahre alt war, nahmen wir einen Wohnungswechsel vor. Dadurch wurde bei Marcel eine Krise ausgelöst.
Im November 1990 übernahm ich die Leistung eines Alten- und Pflegeheims etwa 60 Kilometer von unserem alten Wohnort entfernt. Da wir am Ort meiner neuen beruflichen Tätigkeit noch keine Wohnung gefunden hatten, diese aber meine ganze Aufmerksamkeit erforderte, fuhr ich

am Montagmorgen in das Heim und kehrte am Freitagabend nach Hause zurück, um dann das Wochenende mit Ehefrau und Sohn zu verbringen. Zum 1. April 1991 fanden wir dann eine Wohnung in der Nähe meines Arbeitsplatzes.

Marcels Verlustängste, die ich auf dem Hintergrund der erlebten Phototherapie begründe, brachen durch. Nach meiner Interpretation des Geschehens verstörte ihn die Angst, mich zu verlieren. Er zeigte regressives Verhalten. Dies bedeutet, er fiel auf Verhaltensweisen früherer Lebensjahre zurück, die er in seiner Entwicklung eigentlich schon überwunden hatte.
Nach dem Umzug schien er sich in der neuen Umgebung zunächst wohl zu fühlen. Im Kontakt mit anderen Kindern und mit uns Eltern verlor er aber zunehmend die Sensibilität für seine Empfindungen und die inneren Vorgänge anderer Menschen bzw. anderer Lebewesen überhaupt. Er bemühte sich nun männlich und stark zu wirken. Er schloss sich im Kindergarten den Jungs an, die dort als die aggressivsten auffällig geworden waren. Im Spielgeschehen des Kindergartens zog er sich zurück, saß oft allein, nahm am allgemeinen Geschehen nicht teil. Lediglich der Kontakt zu Jessica blieb bestehen und gestaltete sich völlig unbeschwert. Leider verlor der Kontakt an zeitlicher Intensität aufgrund der nun vorhandenen räumlichen Distanz.

Es war im Herbst 1991 als ich mit Marcel in einer Tischtennisgruppe für Kinder spielte. Plötzlich zog er mich zur Seite und sagte:

„Ich muss dir mal was sagen! Hinter meinem Rücken ist ein Strich, der geht nicht weg. Er verfolgt mich, wohin ich auch gehe, aber er ist immer hinter mir, nicht neben mir, nicht vor mir."
Auf mein Nachfragen erfuhr ich von der Erstmaligkeit dieses Erlebens. Im Laufe der nächsten Wochen, Monate und Jahre sollten andere Phänomene folgen, die Marcel in seinem Erleben belasteten und in seiner Entwicklung behinderten. Er hörte in den nächsten Jahren imperative Stimmen und wischte Massen weg, die nur er sah.

Es ist einsichtig, dass solche Stimmen den Konzentrationspunkt verschieben. Marcel wirkte im Zusammensein mit uns, mit Freunden und in der Schule oft abgelenkt und unkonzentriert.

Im Zusammensein mit einem seiner besten Freude in unserer Wohnung reagierte er eines Tages panisch, so dass Ully den Freund nach Hause bringen musste.
Die imperativen Stimmen gaben ihm unsinnige Aufgaben, wie z. B. das Wegwischen der unsichtbaren Massen und das Berühren vorhandener Gegenstände. Im Falle der Verweigerung solcher Befehle stellten sie Marcel Konsequenzen in Aussicht bis hin zu dem Tod seiner Eltern. Die schwierigste Situation für Marcel war der Befehl, ein Mädchen zu töten.

Jetzt in der Rückschau wird mir noch einmal deutlich, wie sehr er gelitten haben muss. Unsere psychologische Sichtweise gab letztlich den Ausschlag, Marcel von einem zum anderen Kindertherapeuten zu schicken. Wir gingen ja von einer psychischen Störung aus. Leider konnte niemand diese psychische Störung auch nur ansatzweise erfolgreich behandeln. Alle Therapeuten gaben auf.

Als Marcel 11 Jahre alt war, suchten wir einen „Russischen Geistheiler" auf. Seine Mittel entsprechen nicht den Prinzipien der „Schulmedizin" und des alltäglichen Erlebens. Seine unbestrittenen Erfolge sind für uns nicht nachvollziehbar.
Er zog Marcel, ohne ihn zu berühren, vor und zurück. Einmal stand Marcel so im Raum, dass er eigentlich nach hinten hätte umfallen müssen. Es waren aber wohl für uns nicht sichtbare Energiefelder hinter ihm aufgebaut, die dies verhinderten. Der „Russische Geistheiler" teilte nun mit, dass Marcel kein psychisches Problem habe. Er sähe Durchblutungsstörungen im Gehirn. Ferner lägen Blutdruckschwankungen und ein Nierenschaden vor. Die Stimmen könne er ihm in 10 täglich aufeinander folgenden Sitzungen von je 10 Minuten nehmen.
Dies geschah dann auch so tatsächlich. Die Stimmen und andere Auffälligkeiten verschwanden während der 10 Sitzungen.

Ergänzende internistische Untersuchungen bei unserem Hausarzt ergaben dann tatsächlich einen Schaden an einer Niere in Folge einer unbehandelten Infektion. Ferner wurden Vitamin B- und Eisenmangel diagnostiziert.

Marcel hörte keine Stimmen mehr. Sein Kontaktbedürfnis war wechselhaft, von gar nicht vorhanden bis äußerst ausgelassen.

Hinsichtlich der Beziehung zu Jessica war sein Kontaktbedürfnis gleich bleibend stabil ausgeprägt. Zu ihr hatte er Vertrauen. Die beiden ergänzten sich im Spiel; zusammen waren sie glückliche Kinder.

Im Verhalten gegenüber Mitschülern verhielt sich Marcel oft aggressiv. Seine Leistungen im Gymnasium waren aufgrund seines Desinteresses unzureichend.

Letztlich wechselte er zur Realschule, was er zunächst gar nicht wollte. Er fühlte sich dort aber wohl, weil er ohne Anstrengung zu einem vernünftigen Abschluss kam.

Mit seiner Mutter verband ihn offenbar eine besondere Beziehung, die sich von wenigen Zeitsequenzen abgesehen sehr schwierig gestaltete. Ully ist Marcel stets sehr liebevoll und aufopfernd begegnet. Sie hat alles gegeben – an seelischer und geistiger Energie und Liebe – um dieses Kind zu sich selbst zu führen, damit es die Eigenschaften von Selbstbewusstsein und Selbstverantwortung entwickeln kann.

Nach Vollendung seines 6. Lebensjahres lehnte Marcel aber die Angebote seiner Mutter zunehmend mehr und mehr und wirkungsvoller ab. Er tat alles, um von ihr verlassen zu werden. Er zeigte Verhaltensweisen, die ihrer Lebenseinstellung so sehr widersprachen, dass sie ihn eigentlich hätte ablehnen müssen. Ich vermute, dass er es möglicherweise (unbewusst) darauf angelegt hat. Er versuchte herauszufinden, was ihr nicht gefiel und verhielt sich entsprechend. Versuchte sie dennoch sein Verhalten zu verstehen, lehnte er sie persönlich ab.

Meine psychologische Interpretation dieses Verhaltens ist, dass Marcel aufgrund des Traumas in seinen ersten Lebenstagen, Angst vor dem Verlassenwerden und Misstrauen in Bezug auf diese Welt entwickelt hatte, die er bestätigt haben wollte. Natürlich ist dieser Vorgang unbewusst und deswegen ihm selbst und anderen nicht zugänglich. Die Psychotherapeuten haben sich mit dieser meiner Schlussfolgerung nicht ausreichend beschäftigt, obwohl ich sie ihnen nahe gebracht hatte.

Marcel verstand es offenbar, von diesem Thema abzulenken. Dies war zur Aufrechterhaltung seines Bildes von der Welt auch wichtig. Denn wenn er erkannt hätte, dass der einzige Grund seiner negativen Sichtweise von den Menschen sein Trauma ist, dass sich ja eher „zufällig" (Zufälle gibt es nach meiner Auffassung nicht wirklich.) ereignet hatte, hätte er um eine andere Sichtweise von der Welt ringen müssen.

So wie ich dies schreibe, spüre ich Wut in mir aufsteigen gegenüber dem Krankenhaus, in dem Marcel geboren wurde.

Wenn denn die zuständige Kinderkrankenschwester damals einigermaßen verantwortungsvoll ihrem Beruf nachgegangen wäre, hätte Marcel nicht sein Leben lang mit diesem Trauma zu kämpfen gehabt. Die Beziehung zu seiner Mutter wäre mit weniger Konflikten belastet gewesen. Marcel hätte zu einer mit normalem Urvertrauen ausgestatteten Lebensweise finden können.

Dies sind natürlich von mir aufgestellte Hypothesen, die zwar psychologisch wahrscheinlich sind, aber – wie sagte Marcel in einem mit mir geführten Gespräch, das ich auf der übernächsten Seite erwähne – es gibt auch andere Erklärungsmuster.

Die anderen Erklärungsmuster sind die, die ich mir hier erarbeite, um den Übergang von Marcel in die geistige Welt als Herausforderung annehmen zu können.

Es ist der mögliche Sinn von Marcels Leben, mit diesem Trauma aus den ersten Tagen nach seiner Geburt und den psychologischen Konsequenzen für ihn klar zu kommen. Die Kinderkrankenschwester war ein Werkzeug.

Ebenso war der Unfallfahrer ein Werkzeug zur Erfüllung des Schicksals von Marcel.

Beide aber leben ihr persönliches Schicksal und müssen aus ihrem jeweiligen Versagen die richtigen Konsequenzen ziehen.

Es ist ja nicht so, dass deren Verhalten in Ordnung ist, weil die Dinge so gelaufen sind, wie sie zwangsläufig laufen mussten. Ich meine lediglich, die Ereignisse fügten sich zusammen. Es wäre aber Fatalismus (= Haltung, die bestimmt wird von der Annahme der zwingenden Notwendigkeit des Geschehens) zu denken, diese Menschen hätten sich nicht verantwortungsbewusster verhalten können. Marcel lebte zwar sein Schicksal wie wir alle. Dennoch dürfen wir nicht annehmen, weil der Verlauf des Geschehens in gewissen wichtigen Punkten des Lebens (= Schicksal) vorgezeichnet ist, müssten wir uns nicht bemühen, dass jeweils „Beste" in jeder Situation zu versuchen. Ich denke und werde im späteren Verlauf dieser Schilderungen eine Bestätigung dafür finden, dass die wichtigen Punkte des Lebens, v. a. Anfang und Ende und Kernproblemstellungen desselben vorgezeichnet sind. Im täglichen Leben haben wir aber Entscheidungsfreiheiten und können innerhalb dieser Freiheiten uns bewähren, etwas dazulernen oder versagen.

Die Kinderkrankenschwester und der Unfallfahrer können aus ihrem Versagen etwas lernen.
Marcel hatte in dieser Inkarnation seinen Lebensplan am 03.03.2007 erfüllt. Sein Tod weist seinen Eltern und anderen ihm nahe stehenden Personen eine Aufgabe zu, die sie nun erfüllen oder ablehnen können.

Marcel kämpfte sich durch sein Leben, dass aufgrund des Traumas von der Haltung geprägt war: „Alles ist gegen mich!"
Er unternahm viel, um diese Haltung zu bestätigten. Und er erhielt dann manchmal auf geradezu komische Weise diese Bestätigungen. So geschah es einige Male, dass er Fußballergebnis – Tototips abgab und der Schiedsrichter scheinbar um seinen Tipp zu versauen in letzter Minute einer Mannschaft einen unberechtigten Elfmeter zusprach. Marcel fluchte dann entsprechend.

Mir erschien seine Sichtweise fast paranoid, so dass ich ihm sagte: „Du bist nicht der Mittelpunkt des Universums. Die Menschen achten nicht darauf, wie sie dir übel mitspielen können. So wichtig bist du nicht, als dass du der Mittelpunkt ihres Interesses wärest."

Er wiederholte zukünftig diesen Satz häufiger, er oder andere seien nicht der Mittelpunkt des Universums. Es begriff den Sinn dieser Aussage und fand sie wohl auch witzig. Sein Misstrauen aber blieb.

Zufälle gibt es nicht. Marcels Schicksal bestand u. a. im Umgang mit diesem Trauma. Vielleicht hat er es zum Schluss seines Lebens lösen können, womit möglicherweise eine wesentliche Lebensaufgabe erfüllt war.
Meine philosophische Betrachtungsweise vom Sinn aller Handlungen: Die Seele sucht für ihre Entwicklung Herausforderungen.
Die Kinderkrankenschwester, die unprofessionell und geradezu schwachsinnig gehandelt hat, war ein Werkzeug für Marcels Schicksal genauso wie der Unglücks- PKW, der von seinem Fahrer genauso unverantwortlich gefahren wurde.
Es ist im Rahmen unseres irdischen Lebens schwer zu verstehen, dass sie Werkzeuge des Schicksals sind und dennoch die Freiheit hatten, sich anders zu verhalten. Hätte Marcel bei einer verantwortungsvollen Ausübung des Berufes durch die Kinderkrankenschwester das Trauma nicht erlebt? Wäre er bei verantwortungsbewusstem Umgang mit dem PKW durch den Unglücksfahrer nicht gestorben? Beide Fragen verneine ich! Das Trauma war eine wesentliche Lebensaufgabe. Das Ende des Lebens war etwa zu diesem Zeitpunkt vorgegeben. Dennoch hätten die genannten Menschen die Möglichkeit gehabt, sich verantwortungsvoller zu verhalten. Das Schicksal von uns allen kann sich sicherlich auf verschiedene Art und Weise erfüllen.

Marcel hat sich dem Thema seines Lebens „Misstrauen" stellen müssen. Er suchte dabei seinen eigenen unbewussten Weg zur Bewältigung dieses Themas. Er ließ sich bevorzugt auf Menschen ein, die ihm nicht zu nahe kamen, v. a. auf seinen Opa, der 10 Tage nach ihm starb und sich nie aufdringlich verhielt.

Möglicherweise konnte auch ich eine letztlich hilfreiche Beziehung zu ihm aufzubauen, indem ich Nähe und Distanz zu ihm immer wieder bewusst ausbalancierte. Das kann ich natürlich schlecht beurteilen.

In diesem Zusammenhang will ich aber zwei wichtige Begegnungen mit Marcel erwähnen:
Bei der einen Begegnung war er im Beginn seiner ersten Ausbildung als Bankkaufmann und ich begriff, dass er psychisch überfordert war. Damit meine ich, das System der Bank überforderte seinen sensiblen Charakter. Er bedröhnte sich mit Cannabis und mit Discobesuchen, um sich von dem psychischen Stress zu entspannen. Er ging regelgerecht seiner Arbeit nach, zeigte nach Außen ein gutes, gefestigtes Erscheinungsbild, wirkte aber außerhalb von Discos und ohne Cannabis unglücklich.
Ich erreichte ihn in dieser Zeit mit den Worten: „Egal, was passiert, ich werde immer für dich da sein!" Ich spürte, wie diese Worte ihn durchdrangen und ihm eine Beruhigung gaben.

Ich fühle mich auch heute noch an dieses Versprechen gebunden – und damit in alle Ewigkeit!

Ansonsten war ich nie so nah bei seinen Seelennöten wie Ully. Ich hatte im Gegensatz zu ihr auch keine Vorstellungen, wie ich ihm wirkungsvoll helfen könnte. Ich war aber auch nicht so pessimistisch; ich meinte, er werde seinen Weg auf irgendeine Art und Weise finden. Und genau das signalisierte ich ihm; er werde seinen Weg finden und wenn er meine Hilfe bräuchte, sei ich für ihn da.
Mit diesen Worten will ich nicht zum Ausdruck bringen, ich hätte in der Begegnung mit Marcel irgendetwas „richtig" gemacht. Ich meine was anderes: Ich habe ihm Vertrauen entgegengebracht – und auch das hat zwei Seiten:

Das Kind kann denken, mein Vater vertraut mir, also kann ich so weitermachen oder es kann sich emotional durch das entgegengebrachte Vertrauen gestärkt fühlen und so die Basis für eine Änderung zum Besseren finden.

Die zweite wichtige Begegnung fand etwa 6 Wochen vor seinem Tod statt, als ich meinen unerschütterlichen Optimismus inzwischen bestätigt fühlte. Marcel wirkte reif, klug, realistisch, in der Beziehung zu seinem kranken Opa geradezu weise. An jenem Samstagabend saßen Ully, Marcel und ich bei meinen Schwiegereltern im Wohnzimmer. Meine Schwiegermutter war bereits zu Bett gegangen.

Ich erinnere mich nicht mehr an unser Gesprächsthema. Jedenfalls interpretierte ich irgendein angesprochenes Phänomen menschlichen Verhalten psychologisch. Marcel entgegnete: „Du siehst die Dinge oft zu psychologisch; es gibt auch andere Dimensionen und Erklärungsmuster!"

Diese Äußerung traf mich, machte mich nachdenklich – und ich empfand in diesem Moment sehr eindringlich, es stimmt, was er sagt, es gibt mehr als psychologische Erklärungsmuster für menschliches Verhalten. Ich bevorzugte bis dahin lediglich diese Muster, weil ich es gelernt hatte in diesen Mustern zu denken.

Viele Begegnungen hatten Marcel und ich zu dem Thema, ob es intelligente Lebewesen außerhalb unseres Sonnensystems gibt und ob diese intelligenten Wesen unseren Planeten erreichen könnten.

Hinsichtlich der Existenz intelligenter Lebewesen außerhalb unseres Sonnensystems waren wir uns einig.

Er äußerte aber die Befürchtung, dass wir Menschen von den uns überlegenen „Außerirdischen" bedroht und möglicherweise auch vernichtet würden.

Ich hielt ihm entgegen, dass nach der Relativitätstheorie von Albert Einstein das Eindringen in andere Sonnensysteme nicht möglich sei, weil sie zu weit weg seien. Man müsse Lichtgeschwindigkeit erreichen, um den Zeitfaktor zu überwinden. Je mehr man sich aber der Lichtgeschwindigkeit nähere umso mehr nähme die Masse zu, was wiederum eine Reise unmöglich mache. Lichtgeschwindigkeit könne nicht erreicht werden, weil die Masse des Objekts dann unendlich groß würde.

Außerdem vertrat ich die Ansicht, dass, wenn Wesen dennoch eine Möglichkeit gefunden hätten, dieses Problem zu lösen, sie uns nicht vernichten würden. Sie wären dann in ihrer technischen Entwicklung deutlich weiter als wir. Und ich ginge davon aus, dass dieses „Weiter" sich nicht nur auf die technischen Errungenschaften beschränke, sondern ethische und soziale Dimensionen des Seins ebenso umfasse. So seien auch wir Menschen auf diesem Planeten an einem Punkt angelangt, an dem wir uns in den nächsten Jahrzehnten entweder teilweise (Entzug der Lebensgrundlage durch Umweltzerstörung) oder ganz (Atomwaffen) vernichteten oder uns solidarisierten und die Probleme, die wir selbst geschaffen hätten, gemeinschaftlich lösten.

Dies sei dann nach Jahrtausenden des Gegeneinanders ein erheblicher ethischer und sozialer Wandel, der sich aber andeute. So bekämpften sich beispielsweise die europäischen Völker, die noch vor einigen Jahrzehnten Kriege gegeneinander geführt hätten nicht mehr, sondern lösten innerhalb der Europäischen Union ihre Probleme gemeinsam.

Das Erleben, Probleme gemeinsam erfolgreicher zu lösen als gegeneinander, bedeute einen ethischen Wandel und ein verändertes Bewusstsein, was man, wenn man nun andere Planeten bereiste, nicht einfach wieder abstelle, um in alter barbarischer Form einen Vernichtungsangriff zu führen.

Marcel wies diese Theorie zurück, weil er meinte die „Außerirdischen" interessierten sich nicht für uns relativ primitive Wesen, sondern seien an unseren Rohstoffen interessiert, die auf ihrem Planeten ausgegangen seien und die sie für ihr Überleben benötigten. Wenn wir sie daran hindern wollten, würden sie uns vernichten, weil wir eben relativ primitiv und bedeutungslos seien.

Die Überwindung der Entfernungen sei durch so genanntes „Positionieren" denkbar. Außerdem bestehe die Möglichkeit, dass wir Menschen die Entfernungen im Universum völlig falsch einschätzten und es kürzere Wege gäbe als wir dächten.

Und drittens hätte Licht keine Masse und bewege sich mit Lichtgeschwindigkeit. So sei es vielleicht möglich, Licht mit Informationen zu bestücken. Diese Informationen würden dann bei Ankunft des Lichts auf diesem Planeten – wie auch immer – materialisiert.

Wir sind bei diesen Diskussionen nicht auf einen Nenner gekommen. Doch wiesen Marcels Denkansätze erstaunliche Übereinstimmungen mit Erkenntnissen der von mir später ansatzweise beschriebenen Quantenphysik auf, die mir zu dem Zeitpunkt unserer Diskussion noch völlig unbekannt war.

Marcels Leben stellte meine Gedanken und Empfindungen auf den Kopf. Ich liebte dieses Kind. Meine pädagogischen und psychologischen Fähigkeiten und meine Fürsorge und Liebe sollten nach allgemeinen psychologischen und pädagogischen Erkenntnissen ausreichen, um ein Kind in vernünftige Bahnen des Lebens in unserer Gesellschaft zu begleiten.

Es kam aber anders. Marcel war ein Grenzgänger zwischen Normalität und Absturz in den Abgrund des Chaos. Vor letzterem bewahrte ihn Ully immer wieder und hielt ihn damit auf dieser Grenze.

Marcel verspürte seit seinem 7. Lebensjahr häufig eine Neigung, sich mit Problembehafteten Menschen zu umgeben.

Ich weiß, dass er ergründen wollte, was diese Menschen empfinden und wie sie lebten. Seine beiden Eltern sind Sozialarbeiter, und Marcel erlebte, wie sie die Integration von Menschen in schwierigen Lebensumständen zu einem wesentlichen Inhalt ihres Lebens machten. So mag es sich bei Marcel um ein Stück Identifikation mit uns oder um ein genetisch bedingtes Interesse gehandelt haben.

In unseren Gesprächen habe ich immer wieder erwähnt, dass es erforderlich sei, in den Begegnungen mit sog. „schwierigen Mitmenschen" eine gewisse Distanz zu bewahren, um nicht in ihren Sog des Elends gezogen zu werden.

Marcel aber schien gelegentlich in die Erlebniswelt der Menschen einzutauchen, die mit ihrer Lebenssituation überfordert waren. Er berichtete mir gegenüber auch hin und wieder von deren Verhalten und Empfinden. Dabei zeigte er eine sehr gute Beobachtungsgabe und in seinen Interpretationen erstaunliche analytisch-psychologische Fähigkeiten.

Leider entwickelte er oft auch Verhaltensweisen, die denen der Menschen, mit denen er Umgang pflegte, ähnelten.

Besonders bizarr war sein Leben in drei sozialen Welten, als er etwa 18 Jahre alt war. Er hatte sich entschieden, eine Ausbildung als Bankkaufmann zu beginnen und lief mit schicken Anzügen herum. Er benahm sich in dem ausbildenden Kreditinstitut angepasst und kam allgemein gut an.

Auch war Marcel stolz, sich einen Beruf ausgesucht zu haben, der ihn von seinen Eltern abgrenzte. Er erkannte in dieser Lebenssituation nicht die Vergleichbarkeit seiner Begabungen mit den Begabungen seiner Eltern.

Er war stolz, sich im strengen Auswahlverfahren der Bank gegen viele Mitbewerber durchgesetzt zu haben.

Doch die Anpassung an die Welt des Bankwesens kostete ihn einen hohen Preis. Ich meine, wir können unsere Seele nur für „kurze Zeit verkaufen", ohne inneren Schaden in körperlicher und geistig-seelischer Hinsicht in Form von Krankheiten zu nehmen.

Marcel hatte zunächst den falschen Beruf gewählt.
Obwohl ich dies ahnte, habe ich ihm seine Entscheidung nicht ausgeredet. Hätte ich es machen sollen? Es hätte Vorteile gehabt – und Nachteile, wie alles im Leben.

Letztlich bereue ich, an dieser Stelle seines Lebens nicht entschieden eingegriffen zu haben, weil das kompensatorische Verhalten von Marcel – er kompensierte seinen beruflichen Stress – sich zu einer hochgradigen Gefährdung für ihn aber auch für Ully und mich auswirkte.

Diese Kompensation (der Ausgleich) für die unglücklichen Lebensumstände in der Bank erfolgte in einem neuen „Freundeskreis", dessen wesentlicher Lebensinhalt im Konsum von Haschisch und der daraus sich ergebenen Lethargie bestand.

Es war erstaunlich, *dass Marcel es zu dieser Zeit gelang, jeden Morgen pünktlich und gepflegt bei der Arbeit zu erscheinen und sich dort den Kunden freundlich zuzuwenden.*

Seine dritte soziale Welt bestand aus seinen Eltern und Verwandten und auch seinen langjährigen Freunden. Einige der langjährigen Freunde zogen sich aber zurück, weil sie mit Marcels „neuen Freunden" nichts anfangen konnten. Gaetano, sein „bester Freund" hielt stets zu ihm und leistete letztlich einen gewaltigen Beitrag, ihn aus diesem Kreis herauszuziehen.

Ully war in dieser Zeit verzweifelt und unternahm viel, um Marcel von anderen Formen der Lebens- und v. a. der Freizeitgestaltung zu überzeugen.

Ich fühlte mich in dieser Zeit mit der Situation überfordert und ratlos und entzog mich ihr. Dennoch wurde ich fast täglich mit Marcels Geschichten und Ullys Prognosen über sein „böses Ende" konfrontiert.

Ich hielt mich heraus.

Ich unterstützte meine Ehefrau nicht. Ich ließ sie allein.

Ich danke ihr, dass unsere Beziehung an meinem Ausweichverhalten keinen nachhaltigen Schaden genommen hat.

Marcel bitte ich im Nachhinein, mir zu vergeben, folgende offensichtlichen Fehler begangen zu haben:

Ihn von der Bankausbildung nicht abzuhalten und, als er die Ausbildung abbrechen wollte, versucht zu haben, ihn zum Durchhalten zu bewegen.

In dieser schlimmen Phase selbst, die Ully zu tiefer Verzweiflung trieb, habe ich meines Erachtens in der Begegnung mit Marcel keine wesentlichen Fehler begangen.

Ich handelte weitgehend intuitiv, „aus dem Bauch heraus". Dies bedeutet, ich konnte genau spüren, wann Marcel für welche Themen ansprechbar und aufnahmefähig war und v. a. wann nicht. Das Ausloten gebotener Nähe und Distanz gelang mir ganz gut.

Ich finde nichts schlimmer, als jemanden mit einem Thema zu konfrontieren, dem er sich aufgrund seiner inneren Gemütslage im Moment verschließt.

In den Begegnungen mit Marcel konnte ich mich meist mit meinem Handeln identifizieren.

Es ist mir nie eingefallen, Marcels Verhalten zu sanktionieren, mit Ausnahme der Zerstörung eines Glas-Bons, der angeblich einem Freund gehörte.

Kindliches Verhalten zu sanktionieren, finde ich albern; Druck erzeugt Gegendruck. Die Widerstände erschweren zukünftige Begegnungen.

Ich erörterte die Problematik seines Haschisch-Konsums und seiner „neuen Freunde".
Am wichtigsten war mir die Aufrechterhaltung unserer Beziehung. Ich sagte mir, wenn ich den Gesprächsfaden verliere, ist es zumindest für längere Zeit schlecht um ihn aber auch um mich bestellt.
Ullys Einstellung, alles nähme ein böses Ende, widersprach ich mit dem Hinweis, dass man nie weiß, wie das Leben weitergeht und dass viele Menschen irgendwann zu einer Erkenntnis des Besseren gelangen und auch zu der Fähigkeit, dieses Bessere zu leben. Und dies nähme ich auch von Marcel an.
Marcel stellte schließlich selbständig den Konsum von Cannabis noch während seiner Zeit bei dem Kreditinstitut ein. Er nahm wieder Kontakt zu den alten Freunden auf und zog sich gänzlich von seinem „neuen Freundeskreis" zurück.

Letztlich sind Ullys und meine Prognosen eingetreten, die sich ja grundsätzlich widersprechen:
„Es nimmt ein böses Ende" – und es hat ein böses Ende genommen!
„Marcel wird zu einer besseren Erkenntnis und Lebensweise finden" – und er hat vor seinem bösen Ende seine Lebensweise und Lebenseinstellung positiv verändert!

Am 22. Oktober 2008 hörte ich, als ich an einem Fluss meditierte, zum 4. Mal in meinem Leben eine Stimme. Sie brach in meine völlige Entspannung und geistige Leere ein:
„Was willst du noch wissen?" begann der Dialog mit der jenseitigen Welt.
Die Stimme bemerkte ich im Kopf in der Nähe des rechten Ohres, also nicht außerhalb von mir, sondern im Kopf, nicht aber im Gehirn, sondern im rechten Gehörgang. Ich war zunächst überrascht, auch leicht erschrocken, auch in der Meditation gestört.

40

Die Überraschung hinderte mich zunächst zu formulieren, was ich wissen will. Dann zentrierte ich mich wieder auf meinen Solarplexus und mir fiel zunächst keine bessere Frage ein als:

„Interessiert sich Marcel noch für die Fußballbundesliga?" –

„Nein, diese profanen weltlichen Dinge interessieren uns hier nicht!" –

„Dann ist es aber doch auch langweilig?" –

„Nein, wir beschäftigen uns mit der Weiterentwicklung unserer Seelen. Dies geschieht auf einem niedrigeren Niveau als bei euch auf der Erde, verläuft daher auch entspannter."

„Ich schreibe in meinem Buch gerade über die begonnene Ausbildung Marcels zum Bankkaufmann. Und dass ich ihn um Vergebung bitte, ihn davon nicht abgehalten zu haben. Denn das erlebe ich als einen wesentlichen Fehler in der Begegnung mit ihm."

Pause (so als würde Marcel nun gefragt, was er von dieser meiner Aussage hält):

„Er meint, du hättest keine Chance gehabt, ihn von seinem Vorhaben abzuhalten!"

Damit endete der Dialog.

4. Die letzten Monate, Wochen und Tage von Marcel

Marcel suchte sich im Alter von 20 Jahren selbständig eine neue Ausbildungsstelle 80 Kilometer von unserem Wohnort entfernt. Dort in der Nähe lebte auch Rebekka mit ihrer Mutter und ihrem Stiefvater. Marcel bezog dort eine eigene Wohnung. Rebekka war meist bei ihm, gab ihm Struktur und Selbstvertrauen. Auch Petra, die Mutter von Rebekka, half mit und gab Marcel in der neuen Umgebung Halt.

In der Berufsschule zeigte Marcel nun durchweg gute Leistungen. Seine Ausbildung ging er engagiert an.

Die Wochenenden verbrachten Rebekka und Marcel meist bei uns, um sich mit langjährigen Freunden zu treffen.

Rebekka und Marcel hatten sich in unserem Dorf kennen gelernt, weil auch Rebekkas Vater, den sie an den Wochenenden besuchte, hier lebt.

Drei Monate vor seinem Tod lenkte Marcel sein Leben in „normale" Bahnen. Er erklärte, dass er diese Ausbildung nun durchhalten werde und arbeitete sehr intensiv. Den Fachhochschulzugang beabsichtigte er an Samstagen nachzuholen. Er zeigte Interesse an anderen Menschen und interessierte sich auch für deren Lebenszusammenhänge. Mit Rebekka schmiedete er Zukunftspläne.

Marcel konnte sich gut in die Seelenlage anderer Menschen einfühlen, nicht nur in die seines kranken Großvaters.

Seine Freunde bestätigten aus ihrer eigenen Erfahrung diese seine Fähigkeit und Bereitschaft.

Seine Seele überwand nun die Maske der Person, der Rollen, die er in diesem Leben spielte oder meinte, einnehmen zu müssen.

Sie zeigte ihr wahres Gesicht:
„Heilig Abend" 2006 (68 Tage vor dem tödlichen Unfall): Marcel legte uns – seinen Eltern – beim üblichen Beschenken einen Brief hin, der mich zu Tränen rührte. Er brachte in diesem Brief seine Dankbarkeit zum Ausdruck.
Am 1. Weihnachtstag fuhren wir zu Ullys Eltern. Opa Hans lag meist im Bett. Er war von seiner schweren Erkrankung gezeichnet, müde und erschöpft.

Am Abend dieses Tages aber raffte er sich auf, setzte sich zu uns und wir spielten ein Würfelspiel. Ully fotografierte Hans und Marcel mit den leisen Worten zu mir gewandt: „Es ist das letzte Mal, dass wir so zusammensitzen."
Sie fotografierte nur die beiden, die in 67 bzw. 77 Tagen tot sein sollten.
Marcel unterhielt sich an diesen beiden Tagen häufig mit Opa Hans. Er ging in das Zimmer, in dem er lag und suchte von sich aus das Gespräch über all die Themen, die ein 21-jähriger junger Mann üblicherweise als unangenehm empfindet, weil die Themen Sterben und Tod in unserer Kultur in die Tabuzone verbannt worden sind.

19. Januar 2007: Marcel sagt zu Ully: „Morgen fahren wir zu Oma und Opa!" –
„Da müssen wir doch nicht schon wieder hin", entgegnete Ully.
„Wenn Ihr nicht mitfahrt, fahre ich eben alleine."
Ully wollte am Wochenende nicht unbedingt zu ihren Eltern, da sie sich dort in den vergangenen Wochen regelmäßig in der Woche mehrmals aufhielt, schon allein wegen des Krankenhausaufenthaltes ihres Vaters.

20./ 21. Januar 2007: Exakt 6 Wochen vor dem tödlichen Unfall fuhren wir zu Ullys Eltern. Der Opa lag im Bett, litt unter starken Schmerzzuständen. Marcel ging an diesem Wochenende immer wieder zu ihm. Sie philosophierten über die Endlichkeit des Lebens und die Existenz nach dem Tod. Gegen Mittag des 21. Januar wollten wir zurückfahren. Marcel würde dann ja noch von unserem Wohnort 80 Kilometer zu seiner Wohnung fahren müssen. Ully und ich waren auf dem Weg zu unserem Auto, als Marcel noch einmal zu seinem Opa ging. Dieser sagte dann nach einem weiteren innigen Gespräch: „Nun geh mal, deine Eltern warten schon draußen." – „Die warten auch noch länger", entgegnete er. 41 Tage vor dem tödlichen Unfall hatten sich die beiden ausgiebig verabschiedet.

9. Februar 2007: Rebekka hat Geburtstag. 22 Tage vor seinem Tod machte ihre Mutter die letzten Fotos von Marcel gemeinsam mit Rebekka.
Wir sehen hier einen gereiften jungen Mann, der sich körperlich und geistig auf dem Höhepunkt seines bisherigen Lebens befindet.
Er hatte gelernt, vor seinen Problemen nicht wegzulaufen.

Bestand der Sinn seines Lebens im Ausbruch aus seiner inneren Isolation, die durch das frühkindliche Trauma ausgelöst worden war?
Wir erinnern uns an Marcels schwierigen Einstieg in dieses Leben durch die unqualifizierte Anwendung der Phototherapie.
Es entstanden dadurch Mängel an Urvertrauen. Marcel stand sich selbst und allen anderen Menschen mit einem grundsätzlichen Misstrauen gegenüber.
Die Überwindung dieses Misstrauens unter den Bedingungen des frühkind-

lichen Traumas ist eine gigantische Leistung, die Marcel zum Ende seines Lebens vollbracht hatte.

Die Überwindung des Traumas wurde während seines Lebens bis etwa zum 12. Lebensjahr durch die Begleitung der erwähnten imperativen und anderer Stimmen erschwert. Seine Konzentrations- und seine Kontaktfähigkeit wurde jahrelang durch dieses Stimmen – hören erheblich beeinträchtigt.

Es mag durchaus der Sinn des Lebens darin bestehen, sich selbst aus einer psychischen Isolation zu befreien und unter diesen erschwerten Bedingungen Zugang zu sich selbst mit allen vorhandenen Problemen und zu anderen Menschen mit ihren Problemen zu finden. Dabei musste Marcel seine innere Isolation allein überwinden, weil er anderen ja misstraute und sie nicht an sich heran ließ. Wir erinnern uns, alle Therapeuten scheiterten.
Das Leben wird dann geradezu folgerichtig an diesem Punkt beendet, weil der Sinn dieser Inkarnation darin bestand, genau das, was ich eben beschrieben habe, zu erleben und dieses Erleben für zukünftige Inkarnation zu bewahren. Dieses positive Erlebnis der Problemlösung einer inneren Isolation könnte aber – so vermute ich – nicht für spätere Inkarnationen genutzt werden, wenn das Leben an diesem Punkt weitergegangen wäre. Denn dann wäre dieses Gefühl von Freiheit, von der Fähigkeit eigene Probleme lösen zu können, der positiven Kontaktgestaltung zu anderen Menschen wieder verloren gegangen. Die gelungene Selbstheilung wäre von vorübergehender Dauer gewesen. Größere Probleme in der Zukunft, die ja irgendwann zwangsläufig aufgetreten wären, hätten Marcel möglicherweise in seiner alten Auffassung bestärkt, anderen Menschen ja doch nicht trauen zu können. Er hätte dann wahrscheinlich den Rückzug in die Selbstisolation wieder angetreten. Es wäre quasi zu einem Rückfall in alte Verhaltensweisen gekommen.

17./18. Februar: Marcel ist gemeinsam mit Rebekka bei uns. Am 18. Februar umarmen wir uns bei seinem Abschied aus dieser physischen Welt – die letzten

Worte, die letzte Berührung! Die nächsten 14 Tage sollte ich ihn nicht mehr sehen – und danach nur noch seine körperliche Hülle mit einem verdeckten Gesicht und später seinen Geist im Traum und in der Meditation.
1. März 2007: Marcel sucht eine Freundin von Rebekka auf, zu der er sonst eher den Kontakt vermied. Doch Rebekka war an diesem Donnerstagnachmittag bei ihr. Im Grunde wollte Marcel sich von seiner Lebenspartnerin verabschieden, denn es war ausgemacht, dass Rebekka am Samstag, den 3. März zu uns kommen sollte. Für diesen Donnerstag und den nächsten Freitag, an dem sie sich nicht mehr sehen sollten, hätte Marcel sich üblicherweise nicht noch einmal persönlich verabschiedet.

Am Freitagabend (2. März) essen Marcel und Ully gemeinsam am Abend. Anschließend bringt sie ihn in die Stadt zu Freunden. Sie verstehen sich gut an diesem Abend. Marcel verhält sich außergewöhnlich höflich und liebevoll und macht ihr Komplimente.

Marcel wollte entweder mit dem Taxi zurückkommen oder bei einem Freund übernachten. Sein Auto blieb zu Hause.
In der Nacht vom 2. auf den 3. März redet Marcel in einem Bistro mit einem Freund, dessen Freundin und deren Eltern. Er erzählt ihnen über mehrere Stunden Details aus seinem Leben. Er zieht eine Lebensbilanz und aus dieser Bilanz wiederum Schlussfolgerungen für sein zukünftiges Leben. Dieses Verhalten ist für Marcel völlig ungewöhnlich.

3.März – 3.00 Uhr: Marcel fährt mit 4 anderen jungen Leuten in die Disko nach Hameln.
Anna K. fährt.
6.00 Uhr: Marcel hat offenbar keine Lust mehr in der Disko und ruft den schon erwähnten, ihm bekannten Taxifahrer mit seinem Mobiltelefon an. Der Taxifahrer meldet sich nicht.
8.00 Uhr: Marcel fährt mit den anderen 4 jungen Leuten, mit denen er in die Disko gefahren war, zurück. Der Eigentümer des PKW fährt nun selbst, da er meint, sein Alkoholpegel sei so weit wie erforderlich abgebaut. Seit Mitternacht

hatte er keine alkoholischen Getränke mehr zu sich genommen. Marcel plat-
ziert sich hinten rechts in dem PKW. Er schnallte sich an. Anna K. saß hinten
in der Mitte.
Um 8.08 gerät der PKW von der nassen, schmalen Straße ab in den matschigen
Untergrund des etwas abschüssig gelegenen, die Straße begrenzenden Ackers;
der Fahrer, der erst seit 1 Woche im Besitz des Führerscheins war, reißt das
Steuer zu weit nach links, prallt gegen einen Begrenzungsbaum der gegen-
überliegenden Fahrbahn und von dort wird der PKW gegen einen 2. Baum
geschleudert. Das Auto dreht sich in der Luft und landet auf dem Acker, wo es
zertrümmert auf dem Dach liegen bleibt.
Marcel und Anna K. sind sofort tot; der unmittelbar hinter dem Unglücks-PKW
fahrende Ersthelfer konnte keine vitalen Zeichen bei beiden mehr feststellen.
Die 3 anderen jungen Leute krabbeln ziemlich unverletzt aus dem auf dem
Dach liegenden, zertrümmerten PKW.
(All diese von mir geschilderten Ereignisse sind von der ermittelnden
Staatsanwaltschaft und der Gerichtsmedizin belegt.)

5. Heimkehr der Seele?

Nach herkömmlicher Auffassung ist Marcel unverschuldet den schreck-
lichsten Weg gegangen, der denkbar ist, den des plötzlichen Todes im
Alter von nur 21 ½ Jahren bei bester Gesundheit, sozialer und geistiger
Kompetenz.

Ich brauche mir nun keine Sorgen mehr um ihn zu machen, so die makabre
Mitteilung um 8.20 Uhr an jenem 3. März.

Nur wenn die Annahme stimmt, dass der Tod ein Übergang in den anderen Bereich des Daseins der unsterblichen Seele ist, bekommt mein
Erleben in dem Zimmer von Marcel eine Erklärung.

Ich brauche mir in dieser physischen Welt keine Sorgen mehr um Marcel
zu machen. Er ist nicht mehr in ihr.

Die Erhellung des Raumes mag auf die Heimkehr der Seele zurückzuführen
sein. Marcel wird möglicherweise bei dem Sekundentod seinen Übergang

in die ASTRALE Welt nicht als solchen realisiert und den Wunsch gehabt haben, nach Hause zu kommen und sich in sein Bett zu legen.

Nun hätte ich mir Sorgen machen können, wie er in der astralen oder jenseitigen oder geistigen Welt zurechtkommt, zumal wenn er seinen Tod als solchen nicht sofort nach dem Unfall erkennen konnte und sich folgerichtig zunächst an irdischen Gewohnheiten orientierte. Aber diese Sorgen machte ich mir nicht, weil ich von Gefühlen der Ohnmacht und Trauer gehindert war, überhaupt tiefer gehende Gedanken zu verfolgen.

In den nächsten Monaten sollte ich aber erfahren, wer Marcel am Übergang zwischen Diesseits und Jenseits begleitet hat.

Marcel erschien Rebekka einige Male im Traum. Etwa ein halbes Jahr nach seinem Unfalltod träumte sie, dass er ihr mitteilte, dass seine Situation zunächst schwierig gewesen sei, weil er seine Situation nicht einordnen konnte, dass aber nun allmählich alles seine Ordnung fände.

Ebenfalls ein halbes Jahr nach Marcels Tod wurde ich nachts wach. Ich hatte etwas Lebhaftes geträumt, was ich beim Aufwachen aber bereits vergessen hatte. Ich setzte mich aufrecht hin und murmelte: „Was soll der Scheiß?" – „Deine Aufgabe ist, von dem, was du nach Marcels Tod erlebst, zu erzählen!" hörte ich daraufhin deutlich und klar zum 3. Mal in meinem Leben eine Stimme in meinem Kopf.

Wie ich später auch noch beschreiben werde, wünschte sich Ully etwa 6 Wochen nach dem Unglück an ihrem Geburtstagsmorgen ein Lied von Marcel.

Die deutsche Übersetzung des englischen Liedes, das sie dann hörte, schenkte ihr Zufriedenheit:

„Es ist ein wunderbarer Morgen.
Ich bin dabei, nach Hause zu kommen."

Teil II: Marcels Tod verstehen

6. Der mögliche Sinn der Existenz

Stirbt ein Mensch, wenn er seine Lebensaufgabe erfüllt hat? Oder steht der Zeitpunkt des Todes von der Geburt an schon fest? Es stellen sich für mich die Fragen nach Sinn und Ziel des Lebens von Marcel.

Die tiefe Trauer, die ich empfinde und die sich lange Zeit in einem körperlichen Schmerz an verschiedenen Stellen meines Organismus manifestierte, kann ich eher überwinden, wenn ich weiß, ob Marcels Seele weiter existiert, ob sein Tod unausweichlich zu jenem Zeitpunkt am 3. März 2007 war und ob sein Leben einen Sinn hatte.

Deswegen schreibe ich dieses Buch und werde mir dabei der Antworten auf diese Fragen immer bewusster.

War es seine Aufgabe, einen Durchbruch durch sein Chaos zu schaffen und endete sein Leben, weil er sein Ziel erreicht hatte? Es gibt in der Nachtodforschung bzw. aus Berichten von Medien diese Auffassung, dass der Mensch stirbt, wenn er sein Lebensziel erreicht hat, bzw. wenn es aussichtslos ist, es noch zu erreichen. (Vorzeitiger Abbruch aus Resignation, der sich nicht unbedingt durch einen Suizid verwirklichen muss, sondern auch durch Unfälle oder schwere körperliche Krankheiten!) Ein vorzeitiger Abbruch kommt bei jungen Menschen aber kaum in Betracht, weil sie ja noch sehr viel Zeit und Energie haben, um ihrem Leben eine andere Richtung zu geben, wenn denn die gerade eingeschlagene weit vom Ziel wegführt.

Oder war es eine wesentliche Aufgabe Marcels auf die geistige Entwicklung seiner Eltern Einfluss zu nehmen? Hat er uns beispielsweise gelehrt, dass man als Mensch keine Macht über die Entwicklung der Ereignisse hat? Löst sein Tod bei uns eine geistige Auseinandersetzung mit den Themen Sterben, Tod und Sinn des Daseins aus? Die letzte Frage ist eindeutig zu bejahen!

Für mich war die Auseinandersetzung mit dem Tod stets ein ambivalentes Geschehen. Als ich 4 Jahre alt war, stellte ich mir die Frage, wie alt ich werden würde und wie es sich anfühlt, wenn ich nicht mehr „lebe". Meine Eltern sollten mir eine fiktive Lebensdauer von 100 Jahren bestätigen. Ich wollte so Beruhigung meiner Ängste erfahren, denn „100 Jahre" war für mich ein Synonym für Unendlichkeit. Ich versuchte so, gedanklich den Zeitpunkt meines Todes in die Unendlichkeit zu rücken, so dass ich mich nicht fürchten musste. Immer wieder beschlich mich die Vorstellung des Todes und dass durch ihn alles sich in Nichts auflösen würde – keine Wahrnehmung, keinen Spaß, kein Erleben – nichts. Mir graute davor!

Aber ich beruhigte mich mit der Vorstellung, dass der Zeitpunkt meines Todes in unendlicher Ferne läge.

Als nach Marcels Tod einige Wochen vergangen waren, begann ich nun tiefer gehende Erkenntnisse über die ewige Existenz der Seele zu gewinnen. Meine wichtigsten Fragen zu meiner Beruhigung: „Wie und wo ist Marcel aufgehoben? Geht es ihm gut?"
Zeit ist unendlich!
Unsere Seelen bleiben unendlich verbunden; sie wechseln lediglich die Ebenen der stofflichen, physischen und der astralen, geistigen Welt.

Eines Tages, es war der 4. Oktober 2007 – 7 Monate nach seinem tödlichen Unfall – versank ich in einer wunderschönen Landschaft in unserem Dorf in eine tiefe Meditation. Es gelang mir, die Gedanken völlig abzuschalten und in einen Dialog mit Marcel zu treten. Auf meine Fragen stellten sich kurze Antworten ein.
Ist das die unendliche Zeit, von der eine Stimme in meinem Kopf etwa 12 Stunden vor seinem Tod in Hannover auf dem Weg zum Bahnhof gesprochen hatte?

Wenn es uns gelingt, in unterschiedlichen Welten auf unterschiedliche Art und Weise miteinander zu kommunizieren, erweitert sich unsere Zeit zunächst bis zu meinem Tod und später, wenn ich nicht mehr in dieser physischen Welt bin, können wir in der astralen Welt miteinander kommunizieren, und wieder später erneut in der physischen Welt, und dann ist die Zeit unendlich.

Ich fragte Marcel zum Schluss dieser Meditation, ob dies so sei.

„Ja", drang aus der Unendlichkeit von Raum und Zeit in mein Innerstes.

Meine meditative Erfahrung muss kein Abbild der Wirklichkeit sein. Sie kann lediglich eine Konstruktion meines – wie ich meine – „abgeschalteten" Gehirns sein, die mir Trost spenden will. Allerdings kann ich solche meditativen Erfahrungen nicht erzwingen. Obwohl ich jederzeit meditieren kann, stellen sich ähnliche wie die eben geschilderten Erfahrungen selten ein, vielleicht einmal im Monat.

Wenn Marcel aber doch entgegen allen bisher und auf den folgenden Seiten dargelegten Einstellungen und Erfahrungen absolut tot in dem Sinn von „nichts mehr wahrnehmen" ist, hat er nicht oder nur Sekunden gelitten und leidet auch jetzt nicht mehr. Er empfindet nichts von seinem und unserem Drama, und er leidet nicht darunter. Möglicherweise bleiben ihm in einem hypothetischen weiteren Leben schreckliche Erlebnisse erspart.

Ist die Existenz des Individuums endlich und der Sinn der Existenz überwiegend in der Maximierung zeitlich begrenzten Vergnügens und Wohlbefindens zu suchen, so ist diese Existenz letztlich sinnlos. Unter Vergnügen und Wohlbefinden zähle ich hier auch die Jagd nach beruflicher und persönlicher Anerkennung. Dabei ist mir bewusst, dass beruflicher und persönlicher Erfolg nicht nur der persönlichen Befriedigung und der Steigerung des eigenen Selbstwertgefühls dienen, sondern Probleme aller Art im Bereich von Technik, Gesellschaft, Medizin usw. löst und damit das Leben und das Miteinander von vielen Menschen erleichtert. Ferner denke ich an Bereiche der Kunst, die uns Menschen Freude bereiten.

Doch scheinen wir uns in unserer Kultur trotz der weit verbreiteten Annahme, dass mit dem Tod „der Vorhang fällt", nicht wirklich der zeitlichen
Begrenzung unseres Daseins bewusst zu sein. Wir verdrängen, solange
wir jung und vital sind, die Möglichkeit des Altwerdens und die Unab-
wendbarkeit des Todes, eben aus der Angst mit dem Fall des Vorhanges
und seinen Anzeichen konfrontiert zu werden. Wir bereiten uns auf diese
Lebensabschnitte „Alt werden" und „Sterben" nicht vor.

Wir müssen uns entscheiden, was wir als Grundlage unserer Existenz
annehmen und daraus die Konsequenzen ziehen:
Ist das Leben zeitlich begrenzt, dann wäre es doch sinnvoll, wenn wir aus
dieser Endlichkeit die Konsequenzen ziehen statt diese zu verdrängen.
Wir sollten uns dann auf Altwerden, mögliches Siechtum und Sterben
vorbereiten. Der Tod an sich benötigt dann keine Vorbereitung, weil mit
seinem Eintritt Wahrnehmung und Bewusstsein enden.

Wenn wir aber, wie ich meine, Wanderer zwischen den Welten sind,
können wir etwas lockerer mit dem Tod umgehen. Der Körper ist zwar
tot, wenn er das Atmen und den Herzschlag einstellt, (Er lebt ohne Hirn-
tätigkeit weiter, wie ich später noch ausführen werde.) aber eine Form von
Energie hat ihn verlassen und überlebt. Die Seele, eine bestimmte Energieform, die eine Zeit lang auf irgend eine Art und Weise an den Körper
gebunden war, ist eine lebende Wanderin zwischen den Welten, einem
grobstofflichen Körper auf der einen Seite und einer irgendwie gearteten
Heimat auf einer wesentlich feinstofflicheren Ebene.
Die Energie, die in einem Körper wohnte oder an ihn gebunden war, kann
nicht einfach aufhören zu existieren. Denn Energie kann nicht vernichtet
werden. Auf dieses wesentliche Phänomen gehe ich später ein.
Bei dieser eben formulierten Annahme hätte die Vorbereitung auf den Tod
den Sinn zu wissen, was auf mich zukommt, wenn ich mich von meiner
physischen Hülle verabschieden muss. Altwerden, mögliches Siechtum
und der Sterbevorgang sind Ereignisse, die meine Seele auf den Weg ihrer
Entwicklung integrieren kann.

Genauso hat Marcel sich ja verhalten: Er hat sich durch Gespräche auf den Tod vorbereitet und er ging in gutem Einvernehmen mit den ihm wichtigen Menschen.

Allerdings hat er uns durch ein Medium auf unsere Frage hin später wissen lassen, dass er sich zwar so wie hier geschildert verhalten habe. Dies sei aber nicht als Vorbereitung auf seinen Tod zu verstehen gewesen, von dem er absolut überrascht worden sei.

Dazu an anderer Stelle mehr!

In unserer Gesellschaft, in der der Glaube vom begrenzten und daher weitgehend sinnlosen Leben vorherrscht, besteht das Streben – neben Belustigung, Wohlbefinden und der Jagd nach Geld und Anerkennung – durch zunehmend verbesserte Medizintechnik, dem Tod auszuweichen und die Illusion zu nähren, dies könne dauerhaft gelingen.

Bei diesem Streben stoßen wir meines Erachtens in unserer Gesellschaft allmählich an volkswirtschaftliche Grenzen. Wir überlasten die Budgets der Kranken- und Altenversorgung. Dabei stehen die an dieser Stelle politisch verantwortlichen Menschen vor dem Dilemma, die Kosten der Kranken- und Altenversorgung begrenzen zu müssen. Aus Gründen des Opportunismus verschweigen sie, dass die Versorgung dadurch zwangsläufig an Qualität verlieren muss bzw. besonders teure medizinisch-technische Verfahren nur noch für wohlhabende Menschen zu finanzieren sind bzw. in Zukunft zu finanzieren sein werden.

Sie haben nicht den Mut, die Wahrheit zu sagen. Statt dessen wird zu der Zeit, in der ich diese Seite schreibe (Oktober 2008) das Gesundheitswesen dem bürokratischen Wahnsinn preisgegeben, wahrscheinlich in der gut gemeinten Absicht, dadurch eine Struktur zu finden, die einen Rückgang der Qualität noch verhindern kann. In Wirklichkeit frisst der bürokratische Wahn aber einen Teil des für das Gesundheitssystem zur Verfügung stehenden Geldes auf, der so der direkten Versorgung kranker und alter Menschen verloren geht.

Die Vermeidung der Politiker, Wahrheiten mit dem Volk zu kommunizieren, führt zur Unzufriedenheit in der Bevölkerung mit den politischen Entscheidungen und den Entscheidungsträgern, weil das dumpfe Empfinden im Volk aufkommt, es würde „von denen da oben" für dumm verkauft. Die Konfrontation mit der Wahrheit ist das oberste Gebot. Unter der Prämisse von Transparenz und Offenheit würde sich bei der Bevölkerung das Gefühl einstellen, ernst genommen zu werden.

Wenn die Maximierung von Spaß und Vergnügen der Sinn des individuellen Daseins ist und mit dem Tod der Spaß ein Ende findet, ist das Leben sinnlos. Denn Spaß (einschließlich Wohlbefinden, Anerkennung, Erfolg) an sich und zum Selbstzweck ist zwar lustig und angenehm aber ohne Sinn.

Spaß stellt nach meinem Empfinden keinen Selbstzweck, sondern eine angenehme Rahmenbedingung zum Erreichen von Zielen dar.

Ganz gleich, welches Sinnbild in einer Gesellschaft vorherrscht, man versucht heute zu verhindern, den Egoismus des Individuums derart eskalieren zu lassen, dass es seinem Nächsten Schaden zufügt zum eigenen Vorteil und Vergnügen. Dazu werden Gesetze, Religionen und Moralvorstellungen entwickelt, die aber nur den einen Sinn haben, das Miteinander erträglich zu gestalten. Solche Maßnahmen dienen auch dem biologischen Prinzip der Arterhaltung. Denn heute wären die Menschen in der Lage aus den Motiven ihrer Gier, ihrer Machtbedürfnisse, ihrer Sucht nach Anerkennung sich gegenseitig vollständig zu vernichten.
Ein wirklicher tieferer Sinn ist in der Schaffung und Einhaltung von Gesetzen, Werten und Normen aber nicht zu erkennen. Es handelt sich um einen konstruierten Sinn in der Sinnlosigkeit. Sinnlosigkeit bestünde bei einer endlichen Existenz aufgrund von Ziellosigkeit. Sinn kann nur unter der Definition von Zielen erkennbar werden. Und das einzige Ziel, das uns bei einer zeitlich begrenzten Existenz verbindet, ist der unausweichliche Tod. Dennoch gelangen manche Menschen zu bizarren Verhaltensweisen, die auf die Anhäufung materieller Güter ausgerichtet sind. „Das letzte Hemd hat keine Taschen", sagt der Volksmund. Vielleicht ist das Ansammeln

materieller Güter auch als Verdrängungsmechanismus in Bezug auf die Endlichkeit des Lebens zu verstehen.

Das Ziel des Lebens kann nicht in der Einhaltung von Gesetzen, von Normen und Werten und Moral bestehen, denn sie dienen lediglich der Erhaltung des Systems und verhindern Anarchie und Chaos.

Sie sind natürlich „sinnvoll", weil sie das Zusammenleben der Menschen überhaupt ermöglichen. Aber sie stellen keinen Sinn für die Entwicklung der Seele des Individuums dar.

Das Ziel und damit der Sinn des Lebens können nach meiner Auffassung im Erkennen und im Entwickeln der individuellen Seele als Teil des universellen Geistes (Gott) liegen.

Dazu haben wir endlos Zeit sowohl in der physischen als auch in der jenseitigen Welt, weil Zeit, wie wir sie in unserer vierdimensionalen Begrenzung wahrnehmen, gar nicht existiert.

Im Angesicht der Endlosigkeit von Zeit und Raum ist es daher eher von untergeordneter Bedeutung, wann ich sterbe.

Und so wie unsere Seelen Teile des universellen Geistes sind und mit ihm in Verbindung stehen, so bilden unsere individuellen Anwesenheiten auf diesem Planeten natürlich auch eine Einheit, eine gegenseitige Abhängigkeit, die, wenn wir sie erkennen, uns im Miteinander zur Lösung der Probleme auf diesem Planeten und dadurch zu seelischem Wachstum befähigen.

All diese in diesem Kapitel noch oberflächig vorgetragenen Anschauungen werde ich in den nächsten Kapiteln wissenschaftlich untermauern.

Auch mein Kontakt zur geistigen Welt, der bereits wenigen Stunden vor Marcels Tod auf meinem Weg zum Hauptbahnhof von Hannover erstmals einsetzte, untermauert meine Anschauungen und wird im 3. Tel ausführlicher dargestellt.

7. Vergebung

Hass beeinträchtigt die geistige und seelische Entwicklung erheblich. Solche Gefühle bringen mich von meinem Weg der Bewältigung meiner Aufgaben ab. Sie blockieren den freien Fluss meiner Energie.

Wenn wir aus Rache mit der Absicht körperlicher oder geistiger Schädigung des Mitmenschen handeln, finden wir möglicherweise kurzfristig Erleichterung und Zufriedenheit. Aggressives Verhalten kann körperliche und seelische Spannungszustände zunächst einmal ausgleichen. In Hass und Wut lasse ich meiner Phantasie freien Lauf. Diese innere geistige Auseinandersetzung, wie schädige ich jemanden, den ich hasse, kann mich kurzfristig zufrieden stellen.
Bald aber stockt der freie Energiefluss, weil der phantasierte Plan nicht in die Tat umgesetzt wird, sieht man von hoch kriminellen Handlungen ab, wie Amokläufe und Morde, die dann doch nicht so häufig vorkommen.

Aber auch nach einer Gewalttat gerät der freie Energiefluss ins Stocken, weil der Mensch in der Regel über ein Gewissen verfügt und sich hinsichtlich der verübten Tat Vorwürfe macht. Die Zweifel, ob es richtig war, andere geschädigt zu haben und die Furcht, für die Tat zur Rechenschaft gezogen zu werden, stören den Energiefluss und führen zu Blockaden.

Ich habe kurzfristig in mir das zwingende von Wut begleitete Gefühl erlebt, den Fahrer des verunglückten PKW irgendwie zur Rechenschaft ziehen zu müssen. Der Fahrer hatte einen Fahrfehler begangen, den er durch Leichtsinn begünstigt hatte. Der Unfall wurde nach den Ermittlungen der Staatsanwaltschaft durch einen Blick nach unten statt auf die Straße ausgelöst. Ferner wirkten noch Restalkohol (0,64 / 00), Cannabis und Müdigkeit auf seinen Gemütszustand und somit auf seine Fahrfähigkeit.

Als ich von dem Unfall erfuhr, wollte ich den Namen des Schuldigen wissen, wohl mit der diffusen Absicht, es ihm irgendwie und irgendwann heimzuzahlen. Die damit verbundene Aktivität und der aufkommende Hass lenkten mich von der überwältigenden Verzweiflung und Trauer ab.

Als ich den Wunsch nach Rache gegen den Unfallfahrer verspürte, stauten sich zunehmend Energien in meinem Körper, die solche Symptome wie Bluthochdruck, Herzrasen, unerträgliche innere Unruhe u. ä. auslösten. Ich konnte keine entsprechende Tat ausführen. Die durch meine Phantasie entwickelte Energie wurde so nicht abgeführt.

Ich hatte das Gefühl, innerlich zu platzen.

Meine Ehefrau hingegen rief den Unfallfahrer am Abend des Unfalltages an, was ihr wichtig war, weil er ihr Leid tat. Sie vermutete, dass er sich ganz schrecklich fühlen müsse und möglicherweise suizidgefährdet sei.

Ich wunderte mich über ihr Verhalten. Hat sie keine anderen Sorgen? fragte ich mich. Ich denke auch heute darüber nach, wie ich ihr Verhalten so wenige Stunden nach dem Unfalltod unseres Sohnes einordnen kann.

Zum einen denke ich, ihr Verhalten stellte die ihr angemessene Form der Ablenkung von der Tatsache dar, dass unser Sohn unwiederbringlich tot ist.

Ich zentrierte mich nicht auf meine Trauer, sondern auf meinen Hass und meine Rache, sie auf Sorge um den Unfallfahrer und Vergebung. Es sind unterschiedliche Strategien, das Geschehene nicht ganz nah an sich herankommen zu lassen.

Die Strategie von Ully stellt natürlich die reifere dar, der ich mich auch bald angeschlossen habe. Offensichtlich hat ihre Seele aber bereits die Erfahrung gespeichert, dass das Geschehen nur über die Vergebung zu bewältigen ist. Ich hingegen habe diese Erkenntnis in dieser Inkarnation hinzugewonnen.

Wenn ich die Tat bewerten soll, ist sie nach meiner philosophischen Erkenntnis, die ich in diesem Buch preisgebe, unvermeidlich gewesen. Es bestand eine schicksalhafte Verbundenheit zwischen den Betroffenen. Faktisch juristisch betrachtet, ist der Vorfall von Leichtsinnigkeit geprägt. **„Wer ohne Schuld sei, werfe den ersten Stein" (Jesus). Ich kann ihn nicht werfen!**

In den folgenden Tagen und Wochen fühlte ich mich krank, deprimiert, gelähmt, unfähig, zusammenhängend zu denken, konnte nicht arbeiten, meine Gedanken drehten sich im Kreis. Manchmal hatte ich das Gefühl, aus der Realität auszusteigen und „wahnsinnig" zu werden.

Ich bin durch den Tod meines Sohnes ein Opfer des Unfallfahrers geworden. Er trägt die Schuld an meinem Unglück. Dies ist eine Sichtweise.

Durch Vergebung habe ich mich aus der Opferrolle befreit. Für uns alle, Marcel, Anna K., den Fahrer, die Überlebenden, für alle, die Marcel und Anna K. nahe standen, ist die Aufgabe der Opferrolle Voraussetzung, das Schicksal zu meistern. Schicksal ist die Chance zur geistigen Weiterentwicklung. Eine besondere Herausforderung stellen solche extremen Ereignisse dar, bei denen der Blick auf diese Chance getrübt wird durch Trauer und Hass.

Ully erkannte sofort, dass der Unfallfahrer lediglich ein Werkzeug des Schicksals war. Er hat einen wichtigen Bestandteil seines Lebensschicksals erfahren und es wird seine schwierige Aufgabe sein, mit diesem schrecklichen Ereignis klar zu kommen und bestimmte – mir unbekannte – Änderungen in seiner Lebenshaltung und Lebensplanung vorzunehmen.

Seine Seele muss die Tatsache verarbeiten, durch einige fehlerhafte Handlung zwei Menschen getötet zu haben – und sie hat die Aufgabe, daran zu reifen.

Am Ende der Trauerfeier für Marcel stand Ully auf und verdeutlichte den anwesenden Gästen ihre Gedanken von Schicksal und der Notwendigkeit von Vergebung. Sie fühlte sich, wie sie später sagte, in diesem Moment von Marcel zu dieser Mitteilung angetrieben.

Einige Wochen später sprach ich dann mit diesem jungen Mann in Hannover. Er schilderte den Unfallhergang und schien erleichtert, dass ich ihm seinen Fehler vergebe.

Es ist richtig: ich vergebe ihm den Fehler, ich vergebe ihm nicht den Tod unseres Sohnes, denn auf dessen Schicksal hatte er letztlich keinen Einfluss.

Ich erklärte ihm meine Auffassung, dass er sein Schicksal annehmen und aus diesem die „richtigen" Konsequenzen ziehen müsse. Um welche möglichen Konsequenzen es sich dabei handelt, wisse ich nicht, da ich seinen Lebenslauf, seine Lebensumstände und Lebenszusammenhänge nicht kenne.

Wären Marcel, Anna K. und der Unfallfahrer aus welchen Gründen auch immer nicht zusammengekommen, wären sie auf andere Art und Weise mit ihren Schicksalen konfrontiert worden.

War es Marcels freier Wille, in das Auto des Unfallfahrers zu steigen? Natürlich ja, denn es hat ihn niemand dazu gezwungen. Andererseits ist aber auch erwiesen, dass er eigentlich an jenem Morgen nicht in dieses Auto einsteigen wollte. Denn warum sonst hatte er versucht, ein Taxi zu ordern.

Aber grundsätzlich gehe ich von der Existenz des (menschlichen) freien Willens aus.
Er besteht nach meiner Auffassung immer dann, wenn ich eine einzelne Handlung so oder so ausführen kann. In der Begegnung mit dem Unglücksfahrer kann ich diesen – wie auch immer – angreifen oder ihm vergeben.

Die Begegnung mit ihm und die Konfrontation mit dem Tod von Marcel waren in diesem Leben aber für mich unausweichliches Schicksal, das man als große Herausforderung und Erfahrung interpretieren kann oder aber auch als Vergeltung (Karma) für begangenes Unrecht während all der von mir erlebten Inkarnationen.
Die großen Abschnitte meines Lebens scheinen festgelegt:
Ich bin in eine bestimmte Situation an einen bestimmten Ort hinein geboren worden (Schicksal).
Ich begegne bestimmten Menschen, die mich vor Herausforderungen stellen oder die mir hilfreich zur Seite stehen (Schicksal).

Ich mache bestimmte Krankheiten durch (Schicksal), übe mich dabei in Geduld oder in Ignoranz und Missmut (freier Wille). Ich erleide Verluste (Schicksal oder Folge freier Willensentscheidungen).

Ich werde in bestimmte Versuchungen geführt (Schicksal), denen ich widerstehe oder nachgebe (freier Wille). So macht auch die Bitte im „Vater Unser" an Gott einen Sinn: „... und führe uns nicht in Versuchung... "! Es ist eben oft einfacher, sich nicht willentlich entscheiden zu müssen.
Es ist meine Entscheidung, ob ich andere Menschen betrüge, belüge oder „falsch Zeugnis rede wider meinem Nächsten", um scheinbare Vorteile zu erlangen.
Doch ich glaube an Gerechtigkeit (Karma). Das Schicksal schafft einen Ausgleich für meine guten und schlechten Taten. Dies geschieht aber nicht zwangsläufig in diesem einen Leben sondern im größeren Zeitraum aller von mir erlebten Inkarnationen in einem physischen Körper.
Dieses ist eine schlüssige Erklärung, die geistige und emotionale Entspannung schafft. So lässt sich auch immer die Frage beantworten, warum Gott etwas zulässt, wobei grundsätzlich in Zweifel gezogen werden darf, ob diese Frage überhaupt sinnvoll ist. Vielleicht lässt Gott im Rahmen bestimmter Regeln dem Geschehen seinen Lauf im Wissen, dass letztlich jede Seele irgendwann zu ihm zurückkehrt.
Für mich stellte sich niemals die Frage, ob ich dieses Schicksal verdient hätte oder ob Gott vergessen habe, auf mein Kind aufzupassen.
Gott selbst oder der Gang des Werdens, Seins und Vergehens, den Gott in Bewegung gesetzt hat, ist gerecht und dient unserer Entwicklung zu mehr Liebesfähigkeit und Erkenntnis.
Was ist mir geschehen mit Marcels Tod? Ich werde mit Erkenntnissen überschüttet und gewinne an Toleranz und der Fähigkeit zur Vergebung, eine Voraussetzung für wahre Liebesfähigkeit, die nichts anderes als ein Gefühl von Verbundenheit mit anderen Geschöpfen darstellt.

Ich habe auch bis zu Marcels Tod ein Leben geführt, das mich ganz bewusst vor immer neue Herausforderungen stellte, bei denen ich erproben konnte, wie das oder jenes ist. „Wie geht das?" und „Wie fühlt sich das an?" bzw. „Wie fühle ich mich jetzt?" fragte ich mich und probierte es aus. Diese Frage bezog sich aber auf meine beruflichen Wechsel, die mir erlaubten, Neues zu erproben. Ich war in diesen wechselnden Lebensabschnitten aber der Planer meines Lebens.

Der Tod von Marcel hingegen traf mich überraschend. Ich verbrachte einen guten Tag an jenem 3. März 2007 und wurde jäh in den Abgrund gestürzt. Diese Herausforderung suchte ich mir nicht aus und musste sie dennoch annehmen.
Ich spüre nun, dass ich müde werde und hoffe, dass sich weitere Herausforderungen nicht stellen, weil es mir inzwischen an Widerstandskraft mangelt.
Die Geburt und der Tod von Marcel waren Anfänge großer Abschnitte in meinem Leben.

Wie begegnete ich diesem Kind?
Das war meine Entscheidung, wobei meine Möglichkeiten der Begegnung immer eingegrenzt sind durch die Struktur meiner Persönlichkeit.
Ich bin kein sonderlich fröhlicher sondern eher ein nachdenklicher Mensch und so begegne ich meinen Mitmenschen und so ging ich auch mit Marcel um.

Der Tod von Marcel war der Beginn meines vermutlich letzten Lebensabschnittes.
Dieser durch Marcels Tod eingeläutete Lebensabschnitt beschäftigt sich nun jedenfalls mit Themen, die ich zuvor nur am Rande betrachtete und über die ich hier schreibe und über die ich mich stets in Gesprächen äußere.

Ich habe durch den Tod von Marcel die Entscheidung zwischen Vergebung oder Hass und Vergeltung treffen müssen. Ebenso habe ich entschieden, dieses furchtbare Erlebnis offensiv anzugehen, meine Gefühle und mein inneres Erleben in diesem Zusammenhang nicht zu verdrängen, sondern in dieser Hinsicht offen zu sein, mich mit dem Erlebten und den dabei auftretenden Gefühlen geistig auseinander zu setzen.

Ich will nun den Gedanken der Vergebung auf den Verstorbenen beziehen, auch wenn ich Marcel nichts zu vergeben habe. So empfinde ich den Tod von Marcel grundsätzlich weniger unerträglich, weil wir uns nichts vorzuwerfen, wir uns vor seinem Tod nicht gestritten und wir keine sog. „unerledigten Geschäfte" miteinander hatten.

Im Gegenteil: In den vergangenen Wochen hatten wir Gespräche über unsere Leben und philosophische Themen aufgenommen, die wir gerne fortgesetzt hätten.

Dazu aber sagte mir eine Stimme am Abend zuvor, dass ich unendlich viel Zeit für diesen Dialog hätte und mich nicht zu beeilen brauche, um an diesem Abend noch mit ihm zu sprechen.

Auch die Existenz im Jenseits kann wohl durch Vergebung erleichtert werden.

Verstorbene und v. a. Suizidanten hinterlassen häufig ungeordnete Verhältnisse. Sie lassen die Hinterbliebenen in Trauer und Wut zurück, weil diese ja in die Entscheidung des Verstorbenen nicht einbezogen worden sind. Gleichzeitig mag ein Gefühl von Versagen und Selbstanklage zurückbleiben.

Vergebung sollte unser Leben bestimmen. Vergebung ist nicht nur als Gegensatz zu Hass, Wut, Vergeltung, Rache, Vernichtung zu verstehen. Der Gegensatz von Vergebung ist Einengung der eigenen Freiräume und der eigenen Selbstbestimmung, ist die Opferrolle.

Ich bin nicht das Opfer des Unfallfahrers und deswegen vergebe ich ihm. Marcel ist nicht das Opfer des Unfallfahrers. Deswegen hat Ully deutlich gespürt, dass Marcel ihm vergeben will. Sie fühlte sich von seiner Energie geleitet, uns dies mitzuteilen.

Geblendet von Wut, Hass, Verzweiflung, Vergeltungs- und Vernichtungswünschen kann ich mein eigenes Leben nicht mehr als schöpferischen Auftrag betrachten. Als Opfer des Täters wäre ich in meinem Handeln gehemmt und blockiert.

Vergebung heißt nicht, Gleichgültigkeit in Bezug auf einen äußeren Eingriff in meine Lebenszusammenhänge, in meine körperliche und geistige Gesundheit, in mein Eigentum und meine sozialen Rollen in unserer Gesellschaft. Der Fahrer hat in mein Leben eingegriffen: Er nahm mir die Rolle des Vaters und die Möglichkeit des emotionalen und geistigen Austausches mit dem Menschen, den ich am meisten liebte.

Der Tod des Menschen, den ich am meisten liebte, hinterlässt auch körperliche Schädigungen; Trauer schwächt das Immunsystem. Ich fühlte mich monatelang deprimiert. Heute leide ich häufiger unter Infektionskrankheiten als in der Vergangenheit.

War ich vor dem 3. März 2007 ein zufriedener Mann, der materiell keinem Mangel unterworfen war, sich geistig und körperlich gesund fühlte und seine Frau und seinen Sohn liebte, so änderte sich mein Leben an jenem 3. März von einer zur anderen Sekunde mit der Nachricht vom Tod meines Sohnes.

Ich hätte empfinden können, der Fahrer habe mein Leben ruiniert. Deswegen konzentriere ich mich im Zuge einer Rache auf den Ruin seines Lebens. Wäre es mir dadurch besser gegangen? Wohl nicht.
Ich wäre aus dem Teufelskreis der übelsten Gedanken, der Trauer, der Wut, der Ohnmacht, der Selbst- und Fremdzerstörung nicht herausgekommen.
Ich begann, mir die Frage nach dem Sinn des Todes zu stellen.
Der Tod meines Sohnes ist nicht das Ende seiner Existenz. Er ist ein Wendepunkt seiner Existenz, eine Biegung des Flusses seines Seins.

Ich habe mich entschieden: Ich bin kein Opfer!
Mir begegnen Geschehnisse im Leben, die es als Herausforderung zu meistern gilt.
Die in diesem Zusammenhang gestellte Frage nach dem Sinn des Lebens überhaupt und der Bedeutung des Todes sind für mich nicht neu. Sie stellten sich in meinem beruflichen Wirken u. a. als Therapeut suchtkranker Menschen und als Geschäftsführer eines Alten- und Pflegeheims.

Meine Fragen und Antworten begrenzten sich aber auf die psychologische Ebene meiner professionellen Berufsausübung. Heute versuche ich die Zusammenhänge des Seins über die psychologische Begrenzung des Seins in dieser einen Inkarnation hinaus zu erfassen, in dem ich den Geist Gottes als allumfassende Initialzündung allen Seins begreife und daraus den Sinn von Geist und Seele der Einzelwesen ableite.

Es gibt eben mehr als psychologische Interpretationen des Geschehens.

8. Ergebnisse der Sterbeforschung

Nicht wünschenswert ist es, mit Hilfe der Medizintechnik den Zeitpunkt des Todes in eine weitere Ferne zu rücken und das Leiden eines alten Menschen zu verlängern.
Auch die Forschung mit dem Ziel, das Leben der Menschen im physischen Leib zu verlängern, scheint fragwürdig.
Sinnvoller, entspannter und realistischer ist es wohl, sich mit der Unvermeidbarkeit des physischen Todes abzufinden, besser noch anzufreunden, sie zu akzeptieren und diese Wahrheit in das irdische Leben zu integrieren.
Eine Hilfe dabei ist es, sich der Unsterblichkeit unserer Seelen bewusst zu werden. Die Vorbereitung auf den Tod liegt in der Bewusstwerdung der eigenen Seele und ihrer Unsterblichkeit.
Die Gedanken, was im Augenblick des physischen Todes geschieht, diese

subjektive Einstellung zum Leben oder Nicht-Leben nach Einstellung von Herz- und Kreislauffunktionen, von Hirnaktivität und anderen vitalen Lebenszeichen, beeinflusst natürlich das Todes- und das Nachtodeserleben wesentlich. Die Auffassung, es gäbe keine Weiterexistenz der Seele oder des Bewusstseins nach dem physischen Tod führt möglicherweise zu einer Erdgebundenheit der Seele.

Natürlich erlebt auch der Ungläubige bzgl. der Weiterexistenz nach dem physischen Tod auch seine Weiterexistenz, realisiert aber nicht den gleichzeitigen physischen Tod. Deswegen macht er so weiter wie zuvor – ohne physischen Körper, dessen Fehlen er auch nicht richtig wahrnimmt. Es ist zwar irgendetwas anders als zuvor. Das ist aber nicht so recht definierbar, weil der Tod nicht eingesetzt haben kann, denn dann – so die subjektive Sichtweise – wäre ja alles aus.

Wir können unserer physischen Lebensdauer nicht viel hinzufügen.

"Sorgt nicht um euer Leben, was ihr essen und trinken werdet, auch nicht um euren Leib, was ihr anziehen werdet. Ist das Leben nicht mehr als die Nahrung und der Leib mehr als die Kleidung? Sehet die Vögel unter dem Himmel an: sie säen nicht, sie ernten nicht, sie sammeln nicht in die Scheunen, und euer himmlischer Vater ernährt sie doch: Seid ihr denn nicht viel mehr als sie?

Wer ist unter euch, der seines Lebens Länge eine Spanne zusetzen könnte, wie sehr er sich auch darum sorgt?" (Matthäus-Evangelium 6. Kap. V. 25-27)

Medizin sollte Leid verhindern (Schmerztherapie) und einfachere Krankheiten heilen, Seuchen aus der Welt schaffen.

Ich gebe natürlich zu, dass in diesem Zusammenhang die Trennung zwischen „einfachen Krankheiten" einerseits und komplexen, vom Sinn her fragwürdigen Behandlungen von Krankheiten andererseits äußerst schwierig ist.

Ich spreche mich aber gegen Apparatemedizin als langfristige lebenserhaltende Maßnahme, gegen Manipulationen am Erbgut und gegen die Transplantationstechnik aus. Wir müssen akzeptieren, dass unser Leben in der physischen Welt begrenzt ist und den Tod als natürlichen Übergang in die geistige Welt annehmen und bei älteren Menschen auch willkommen heißen. Der Tod ist zu einem bestimmten Zeitpunkt, in einem bestimmten Alter einfach „dran". Der Todeszeitpunkt ist nach meiner Auffassung in etwa vorbestimmt, daher sollte man ihn nicht künstlich verzögern und natürlich auch nicht nachhelfen, z. B. durch aktive Sterbehilfe.

Gott gibt uns eine bestimmte „Zeit", um in der physischen Welt Erfahrungen zu machen und daraus Erkenntnisse zu gewinnen. Diese Zeit sollen wir nutzen.

Die Frage, warum Gott nun dem einen eine kürzere Lebensspanne und dem anderen eine längere zur Verfügung stellt, brauchen wir hier nicht zu beantworten. Das ist wirklich auf dem Hintergrund vieler Inkarnationen, die jeder erfährt, völlig unerheblich.

Viele Sterbeforscher und Medien vertreten die Auffassung: Die kürzere Lebensdauer bedeutet die Gnade, möglichst früh in die Heimat der geistigen Welt zurückkehren zu dürfen.

Die Begleitung Sterbender ist eine große Aufgabe, die einen würdigen Übergang in die jenseitige Welt beabsichtigt.

Viele Übergänge in die geistige Welt, v. a. in Krankenhäusern werden heute würdelos gestaltet. Dabei betrifft die Würdelosigkeit immer den Teil des Übergangs unmittelbar vor der Grenze (----- // -----), also den letzten Strich vor dem Balken. Übergang findet auch unmittelbar hinter dem Balken statt. Hierzu werde ich im 2. Teil eine Aussage Marcels durch ein Medium wiedergeben. Die Verstorbenen werden offenbar abgeholt oder empfangen, je nach dem.

Der Sekundentod, so wie Marcels unmittelbarer Übergang in die geistige Welt sich darstellte, kann keine Würdelosigkeit auf dieser Seite des Daseins, auf der Seite der physischen Welt beinhalten. Die physische Welt konnte sich mit seinem Übergang nicht befassen, wohl aber die geistige Welt.

Nahtoderlebnisse belegen, dass die Seele sich vom sterbenden Körper trennt. Dabei nimmt sie zunächst ihren Körper meist von oben und das Geschehen um ihn herum wahr. Dies ist übereinstimmend den inzwischen zahlreichen Berichten kurzfristig klinisch toter Menschen zu entnehmen, die erfolgreich reanimiert wurden. Diese interviewten Menschen entstammen unterschiedlichen Kulturen und Glaubenszugehörigkeiten. Dies ist wichtig zu wissen, um der Interpretation Einhalt zu gebieten, es handele sich bei den Berichten um Phantasien, die den kulturellen oder religiösen Vorstellungen entsprechen.

Die Verweildauer in der Nähe des eigenen Körpers mag verschieden lang andauern. Bei einem Sekundentod vermutlich länger, weil die Situation für den Verstorbenen überraschend ist.

Wenn sich der Sterbende hingegen auf den Tod bewusst vorbereitete, wird der Übergang in die geistige Welt rascher vonstatten gehen.
Im weiteren Verlauf des Übergangs berichten nun die erfolgreich reanimierten Menschen von dem Sog auf einen dunklen Tunnel zu, durch den sie hindurch gleiten. Am Ende des Tunnels erstrahlt ein helles aber nicht blendendes Licht. Es erfolgt eine Rekapitulation des eigenen gerade abgelaufenen Lebens.
Die Nahtoderlebenden finden sich oft in einer wunderschönen Landschaft wieder. Und sie begegnet nun ihnen wichtigen Menschen oder besser Seelen, die bereits vor ihnen in die jenseitige Welt gegangen sind.
An irgendeinem dieser beschriebenen Punkte (nicht jeder erlebt alles!) erhalten sie die Botschaft, nun einen Blick in die geistige Welt geworfen zu haben. Jedoch dürfen sie nicht dort bleiben, weil sie noch eine Aufgabe in der diesseitigen Welt zu erfüllen hätten oder einfach weil „ihre Zeit" noch nicht gekommen sei.
Sie müssen in ihren oft verletzten oder kranken Körper zurück.
Übereinstimmend wird dies von den Betroffenen bedauert, weil der Zustand in der geistigen Welt für sie schlicht und einfach als schön empfunden wurde. Sie genesen nun in der Regel schnell und führen zukünftig ein bewusstes und angstfreieres Dasein in der diesseitigen Welt.

Statt sterbende Menschen bei dem Prozess der Loslösung ihrer Seele würdevoll zu begleiten, verhindert die Apparatemedizin einen solchen würdevollen Übergang.

Um die Schädlichkeit oder besser die kostenaufwendige moderne Barbarei teurer medizinischer Techniken zu verdeutlichen, führe ich zu der Schattenseite der hoch technisierten Organtransplantation in diesem Zusammenhang folgende Beispiele an, die mich tief berührten:

In Jacobys „Alles wird gefügt" wird zunächst ein Neurologe der Freien Universität Berlin zitiert: „„Auch dann, wenn wir sicher sein können, dass das gesamte Gehirn irreversibel zerstört ist, der restliche Organismus aber noch lebt, ist ein Hirntoter kein Leichnam, sondern ein Sterbender.' …

Der Theologe Dieter Emmerling schildert sehr präzise seine Beobachtungen beim Sterben seiner Frau … :

‚Am 26. Oktober 1993 morgens um 8.00 Uhr fand ich meine Frau Liselotte ohne Lebenszeichen vor ihrem Bett auf dem Fußboden. …

Den Bemühungen eines benachbarten Arztes gelang es nicht, Lilo aus ihrer Bewusstlosigkeit zu holen. Auch der Notarzt konnte nicht helfen. …

Als ich vor der Intensivstation gewartet hatte und gegen 11.00 Uhr eingelassen wurde, führte der Stationsarzt ein ernstes Gespräch mit mir.

Ich erinnere mich an Folgendes: Die Gehirnuntersuchung hat ergeben, dass bei der Einlieferungsuntersuchung das Gehirn schon zu 95 % tot war. … Den Tag verbrachte ich auf der Intensivstation. Was mag meine Frau empfinden, wahrnehmen? …'

Als der Mann sich nach dem langen Tag auf der Intensivstation verabschieden will, kommt es zu einer spontanen Reaktion der Frau: ‚Wie ich diese Worte halblaut aussprach: ‚ich gehe jetzt', machen beide Kurven auf dem Monitor einen plötzlichen Ausschlag nach oben und nach unten – bis an die Ränder des Bildschirms. Das kam mir vor wie ein Schrei: ‚Du kannst mich doch jetzt nicht alleine lassen!!!'

Ein stummer Schrei der Angst in einem Körper, der nichts mehr bewegen konnte – aber ein Schrei, der das Herz bewegte, der die elektrischen Ströme veränderte – der aus der Seele auf den Bildschirm schnellte. … " (2)

Der Mann blieb nun im Krankenhaus, wechselte sich später mit Freunden bei der Begleitung der sterbenden Frau ab. Später sprach der Arzt die Bitte nach Extransplantation von Organen aus der „hirntoten" Frau aus, was er aber wohl v. a. auf dem Hintergrund der Reaktion auf dem EEG ablehnte.

„Bei einem Verkehrsunfall um 14.15 Uhr wird der 19-jährige Sven lebensgefährlich verletzt. Der Unfallarzt entscheidet, ihn zur Organentnahme zu überweisen. Sven wird mit einem Hubschrauber in die Uniklinik Hannover gebracht, wo sein Hirntod festgestellt wird. Die Eltern werden benachrichtigt und treffen gegen 19.30 Uhr in Hannover ein. Seine Mutter beschreibt ihren Eindruck von Sven: ‚Er sah normal aus, wie wenn Sie jemanden schlafend im Bett sehen. Sauber, ordentlich, es war nichts zu sehen. Keine äußeren Verletzungen. Er sah auf keinen Fall wie tot aus.'
In diesem kritischen Augenblick wurde die Familie von den Ärzten um eine Organspende gebeten. Da die Mutter ablehnt, wird der Vater bearbeitet, bis er schließlich zustimmt.
Als Svens Mutter ihren Sohn kurz vor der Beerdigung noch einmal wieder sieht, ist sie entsetzt und schockiert über das, was sie vorfindet: Sven macht den Eindruck eines Greises und ist innerhalb weniger Stunden enorm gealtert, sein blondes Haar ist weiß geworden. …

‚Die Augen waren geschlossen, die konnte ich nicht sehen, die Zunge hing, im Körper steckten Kanülen, die Narbe fing hier unter dem Hals an, das war nicht nur ein Bauchschnitt. Er sah aus, als wenn er einen ganz schlimmen Todeskampf hinter sich hatte – gequält. Ich habe mich immer wieder gefragt, was da passiert ist.'
In diesem Bericht einer Organentnahme bei dem 19-jährigen Sven war das Wiedersehen mit dem explantierten Sohn der Auslöser für seine Familie, die Umstände seines Todes näher zu erforschen. Die Begegnung mit dem Wesen, das den Angehörigen in der Leichenhalle präsentiert wird, ist von einer erschreckenden Fremdheit gekennzeichnet, aber auch von dem Gefühl der Verunstaltung des vorher so vertrauten und geliebten Menschen.

... Fakt ist, dass die Leichen von Organspendern anders aussehen als die anderer Verstorbener.

Durch eine telefonische Nachfrage bei verschiedenen Bestattungsinstituten erfuhr ich, dass die Haut von Organspendern in den meisten Fällen gräulich – weiß ist und der Leichnam Vergreisungen aufweist." (3)

Warum zitiere ich das so ausgiebig?
Mich haben diese Darstellungen schockiert. Ich zählte mich eher zu den Befürwortern der Organtransplantation und bin – nachdem ich die zuvor zitierten Zeilen gelesen hatte – unendlich dankbar, dass Marcel auf der Stelle tot war.
Wesentlich verletzt war offenbar nur sein Gehirn. Hätte er ein gleiches Schicksal wie Sven erleiden müssen, den sog. „Hirntot", d. h. ja lediglich die nicht mehr vorhandene Funktion eines Organs bei gleichzeitiger Funktion anderer lebenswichtiger Organe (Herz und Lunge), hätten wir vor der gleichen Entscheidung gestanden wie Svens Eltern und der Theologe Emmerling. Ich weiß nicht, wie wir entschieden hätten. Mir ist aber sehr deutlich, dass ich mit einer Transplantation seiner Organe bei noch vorhandener Verbundenheit seiner Seele mit seinem Körper schlechter leben könnte als mit dem Tod meines Sohnes an sich. Ich hätte ihm den Übergang in die jenseitige Welt qualvoll gestaltet. Inzwischen weiß ich, dass er im Jenseits gut angekommen ist und dass seine Beziehung zu uns, seinen Eltern genauso gut ist wie zu seinen Lebzeiten.

Marcel ist zu einem Zeitpunkt gestorben, zu dem er sich gesund, kompetent und zufrieden fühlte. Er erfuhr in seinem Leben zwar Momente der Verzweiflung, der Unzufriedenheit, der inneren Leere und des Gefühls von Sinnlosigkeit, wie ich bei dem Rückblick auf sein Leben dargestellt habe. Zum Zeitpunkt seines Todes aber „lief sein Leben rund".
Dies bestätigte er auch wenige Tage vor dem Unfall einem seiner besten Freunde: *„Mir geht es jetzt gut. Ich habe alles, was ich brauche. Ich bin mit der Frau zusammen, die ich liebe. Ich habe einen Job und Perspektiven, was*

ich weiter machen kann. Und bei all dem bleibt mir die Zeit, mich mit euch zu treffen und zu amüsieren."

Nur wenn die menschliche Seele in einer jenseitigen Welt oder geistigen Welt weiter existiert, waren die 21 ½ Jahre, die Marcel gehabt hat, irgendwie sinnvoll.

Nun kann seine Seele in der geistigen Welt die in der physischen Welt gewonnenen Erfahrungen reflektieren, um irgendwann in einer neuen Inkarnation diese Erfahrungen und die Konsequenzen daraus einzubringen. Leider können wir Erfahrungen aus vergangenen Leben nicht so einbringen wie wir Erfahrungen aus dem vergangenen Jahr reflektieren können. Allerdings kann ich mir vorstellen, dass es im Laufe der Inkarnationen ein allmähliches Erwachen der Seele gibt, also eine Zunahme an Bewusstsein über eigene vergangene Existenzen und über die hier beschriebenen Zusammenhänge insgesamt.

Wie geht die seelische Reifung vonstatten und was ist in diesem Zusammenhang Reifung der Seele überhaupt? Welchem Zweck und Ziel dient sie?

Warum wissen wir nichts von unseren vergangenen Inkarnationen?

Wie gestaltet sich nach dem „Tod" der Übergang in die „andere" Welt?

Als der wohl bekannteste deutsche Sterbeforscher kommt Bernhard Jakoby zu diesem Thema zu folgender Schlussfolgerung:

„Wir verfügen über einen feinstofflichen Körper, der mit irdischen Augen nicht sichtbar ist. Dieser besitzt die Fähigkeit zu intensivierter Sinneswahrnehmung.

Das Bewusstsein ist nicht vom Körper abhängig, sondern unser Körper vom Bewusstsein. Wir können also auch ohne die sterbliche Hülle des Körpers denken und Dinge wahrnehmen.

Bei der Lebensrückschau sehen wir der eigenen Wahrheit über uns selbst ins Gesicht – hier ist keine Verstellung und Lüge mehr möglich. Der Mensch erkennt seine Verantwortung für sein eigenes Leben.

… Es erwartet uns weder Lohn noch Strafe, sondern einfach die Folge dessen, was wir während des Erdenlebens, gedacht, gesagt und getan haben.

Es gibt einen Gott, der die individuelle Urkraft hinter allem Sein ist. Insofern ist es wichtig zu wissen, dass wir von Gott abhängig sind. ... Gott ist die elementare Energie, aus der alles Lebendige hervorgegangen ist und welche die Atomteilchen in Schwingung bringt.

Das Jenseits ist eine Welt der Gedanken in einem nicht-physischen Universum. Es gibt keine körperlichen Beschränkungen mehr und das Bewusstsein erweitert sich in nie gekannter Weise. Unsere Gedanken manifestieren sich sofort.

Das Leben nach dem Tod ist gekennzeichnet von der Allgegenwärtigkeit der Liebe. Nach dem Tod sind wir für die Lebenden unsichtbar und unhörbar geworden, doch wachsen wir geistig weiter und entwickeln uns.

Wir leben ewig: In Wirklichkeit haben wir nur ein Leben, das uns durch die unterschiedlichen Inkarnationen trägt. Wir alle wissen tief in unserem Inneren vom Vorhandensein unserer geistigen Heimat.

Der Mensch bleibt nach seinem Tod genau das, was er vorher war in Bezug auf seine persönlichen Eigenschaften und Stärken. Er wird sich in Verhältnissen wieder finden, die seinen eigenen Gedanken und Wünschen entsprechen und die er dadurch in seinem Leben geschaffen hat." (4)

Zu dem schon angesprochenen Thema der Erinnerung an frühere Inkarnationen schreibt Jakoby:

„Der Kreislauf von Geburt und Tod ... wird durch die Tatsache verhüllt, dass wir Menschen uns normalerweise nicht an frühere Leben erinnern können.

Die Umstände des gegenwärtigen Lebens entstehen allerdings aus der Summe aller vorangegangenen Existenzen und sind die natürliche Fortsetzung des einen Lebens, das uns durch alle Inkarnationen trägt. ...

Manche wissen seit ihrer frühen Kindheit, dass sie schon einmal gelebt haben. Besonders Kinder haben bis zu ihrem sechsten Lebensjahr meist Erinnerungen an das vorangegangene Leben. ... Rückführungen durch Hypnose belegen heute in vielfältiger Weise die Tatsache der Wiedergeburt. … Medien und Durchgaben der geistigen Welt sprechen in vielfältiger Weise von Reinkarnation. In zahlreichen Nahtoderfahrungen kam es ebenfalls zu einer Konfrontation mit früheren Leben." (5)

9. Reinkarnation

Ian Stevenson (gestorben 2007), der weltweit bekannteste Reinkarnationsforscher hat jahrelang den uralten Gedanken der Reinkarnation versucht zu belegen. Letztlich ist es ihm aus meiner Sicht gelungen.

Er und seine Mitarbeiter reisten in der ganzen Welt herum, um Kinder aufzusuchen, von denen bekannt war, dass sie sich dort, wo sie lebten, nicht zu Hause fühlten, sondern andere Orte und Personen als ihre Heimat angaben.

Stevenson forschte Aussagen von Kindern nach, die in etwa behaupteten, sie gehörten eigentlich nicht dort hin, wo sie sich gerade aufhielten, sondern an einen anderen Ort, in eine andere Familie. Er oder seine Mitarbeiter fuhren mit den Kindern zu den Orten, die diese benannten und die nach ihren Schilderungen in ihrem letzten Leben von besonderer Bedeutung waren. Ihre Beschreibungen waren sehr häufig im Detail zutreffend. Sie fuhren in Familien, von denen die Kinder berichteten, dass sie dort als Kind, Vater, Mutter oder Ehepartner hingehörten.

Die Kinder berichteten Details über ihren früheren Tod. Sie erzählten von den Rollen, die sie im vergangenen Leben als Vater oder Mutter, Sohn oder Tochter, Ehemann oder Ehefrau, als Revolutionär oder Arbeiter innehatten. Sie berichteten Einzelheiten aus ihrem damaligen Leben und dem Leben anderer Familienmitglieder.

Stevenson berichtet bspw. von einem burmesischen Kind, das von 23 Angehörigen aus einem früheren Leben die zurückliegende Beziehung in 22 Fällen korrekt beschrieb. (6)

Viele Kinder stellten in ihrem Spiel den Beruf der Persönlichkeit dar, die sie vorgaben in einem vergangenen Leben gewesen zu sein.

Kinder, die angaben, im vergangenen Leben Angehörige des anderen Geschlechts gewesen zu sein, neigten dazu, das Geschlecht ihres jetzigen Körpers abzulehnen und sich wie Angehörige des erinnerten Geschlechts zu verhalten.

Als das stichhaltigste Indiz für Reinkarnation hält Stevenson allerdings nicht die Aussagen der Kinder sondern deren Muttermale und andere Anomalitäten an Gliedmaßen und Rumpf. Kinder sagen bspw., sie seien im vergangenen Leben erschossen worden und zeigen, wo der Einschuss stattfand. Die Nachforschungen Stevenson in den Obduktionsberichten bestätigen die Aussagen des Kindes. Im gegenwärtigen Leben zeigen sich dann an den Einstich- oder Einschussstellen Anomalitäten. (7)

Erwähnenswert ist, dass etwa 2/3 der mehrere Tausend umfassenden Fallstudien frühere Inkarnationen von Kindern erfassen, die einen gewaltsamen Tod erlitten. Bei dem restlichen Drittel verhielt es sich meist so, dass auch diese Kinder in der vergangenen Inkarnation eher überraschend aus dem Leben schieden oder eine unerledigte, ungeklärte Situation hinterließen.

Ein Beispiel für eine „unerledigte, ungeklärte Situation" stellt die Mutter dar, die noch Kinder zu versorgen hat, und durch ihren Tod daran gehindert wird.

Die erinnerten Inkarnationen liegen nicht sonderlich weit zurück, durchschnittlich 15 Monate. Wie wir später sehen werden, ist dieser Zeitraum für die erneute Präsenz in einem physischen Körper verhältnismäßig kurz. Warum mag dies so sein? Und warum präsentieren sich Ian Stevenson gerade solche Fälle?

Nun, wer gewaltsam oder überraschend aus dem Leben scheidet oder wichtige Dinge nicht erledigen konnte, wird es eilig haben, nachzuholen, was er glaubt, versäumt zu haben, auch wenn dies eine Illusion ist. Ein kleines Mädchen kann dann ja nicht seine Kinder aus dem vergangenen Leben versorgen.

Die kurze Zeitspanne zwischen zwei Leben und der Druck, der auf der Seele lastet, wieder in eine physische Erscheinung zu treten, werden auch ihr Erinnerungsvermögen an das vergangene Leben eher wach halten, als bei jemanden, der sich aus dem vergangenen Leben mit einer positiven Lebensbilanz in hohem Alter bewusst verabschieden konnte und vielleicht 100 Jahre später in einen neuen Körper auf diesem Planeten in Erscheinung tritt .

Da ich mich in diesem Buch einige Male positiv zum Christentum und negativ zur Kirche äußere und Eltern von Kindern, die sich selbst getötet haben, mit der ohnehin unerträglichen Situation besondere Probleme haben, sei erwähnt, dass Stevenson 23 solcher Fälle untersucht hat. Stevenson schlussfolgert dazu:

„Wenn wir Reinkarnation als die beste Deutung dieser Fälle annehmen, so widerlegen sie den in einigen Religionen erwähnten Glauben, dass Menschen, die Selbstmord begehen, für Jahrhunderte in der Hölle leben müssten oder gar für die Ewigkeit. Sie geben einem Menschen, der Selbstmord in Erwägung zieht, auch zu bedenken, dass dies seine Probleme nicht beenden, sondern nur den Ort ihres Auftretens verändern würde." (8)

Der Lösung eines Problems kann ich wohl nicht entgehen. Irgendwann im unendlichen Strom der Zeit wird sie (die positive Bewältigung des Problems) geschehen müssen.

Deswegen ist es wichtig, das aus meiner Erfahrung zunächst unerträgliche Lebensgefühl nach dem Tod des Kindes zu ertragen, um sich dann mit dem Drama auseinanderzusetzen.

Stevenson setzt sich dann mit dem Thema Gehirn und Geist auseinander und kommt ähnlich wie die später erwähnten Quantenphysiker zu der Vermutung, dass das Gehirn Empfänger für den Geist im physischen Körper ist, aber nicht dessen Produzent.

„Ohne Bewusstsein könnten wir keine Gehirne beobachten und uns irgendetwas über sie vorstellen, einschließlich der wahrscheinlich falschen Idee, dass ihre Tätigkeit und nichts sonst das Bewusstsein produziere. … Ich schlage vor, dass das Universum mindestens zwei Sphären besitzt: eine physische und eine geistige. Diese interagieren. Während unseres gewöhnlichen Lebens schränkt die Verbindung mit unserem physischen Körper die Aktionen unseres Geistes ein, obwohl sie uns vielleicht auch ermöglicht, Erfahrungen zu sammeln, die wir ohne unseren physischen Körper nicht erwerben könnten." (9)

Die Psychiaterin Helen Wambach führte 1978 eine Versuchsreihe mit 1088 Probanden durch. Sie führte die Probanden unter Hypnose in frühere Inkarnationen zurück. Die dabei vorgetragenen Schilderungen wurden von Historikern bestätigt.
Fast alle Probanden (90 %), die unter der Hypnose ihren Tod empfanden, beurteilten dieses Erleben als positiv. „Durchschnittlich 49 % empfanden tiefe Ruhe und Frieden und nahmen den Tod, ohne sich dagegen zu sträuben, hin. Weitere 30 % waren zutiefst erleichtert und froh. 20 % sahen ihren Körper nach dem Tode, schwebten darüber und beobachteten die Vorgänge um ihn. Nach den Berichten meiner Versuchspersonen, die sie mir nach dem Erwachen aus der Hypnose gaben, steht zweifelsfrei fest, dass das Todeserlebnis das positivste der ganzen hypnotischen Sitzung war. ...
Etwa 10 % meiner Versuchspersonen berichteten, sie hätten sich beim Sterben aufgeregt und seien traurig gewesen. Diese Gefühle wurden durch die Todesart ausgelöst und bezogen sich auf die Menschen, die zurückblieben. Die Befragten waren überrascht, sich plötzlich außerhalb ihres Körpers wieder zu finden." (10)

Wambach stellt auch wie Stevenson fest, dass vermutlich plötzlich Verstorbene eine kürzere Phase zwischen den Inkarnationen haben: „Ich stellte fest, dass die Personen, die von einem früheren Leben im 20. Jahrhundert berichteten, zu einem ungewöhnlich großen Teil eines gewaltsamen Todes gestorben waren." ... Darf man daraus schließen, dass Menschen, die eines gewaltsamen Todes sterben, sehr bald wiedergeboren werden?"
Bei all ihren Versuchspersonen kommt Frau Wambach zu dem Ergebnis, dass zwischen den Inkarnationen eine Zeitspanne von 4 Monaten bis 200 Jahren liegt. (11)

Warum blockieren viele Menschen in unserem Kulturkreis bei Vorstellungen und Gedanken zur Reinkarnation?
Spielt der Jahrhunderte lange Einfluss unserer christlichen Kirchen auf unsere Sozialisation eine Rolle?

Die Kirchen äußern sich nach meiner Wahrnehmung nicht eindeutig zu dem Thema des Lebens nach dem Tod. Die Möglichkeit erneuter Inkarnationen in einen physischen Körper wird nach meiner Kenntnis verneint. Ewiges Leben im „Himmel" wird aber bei Wohlverhalten auf Erden in Aussicht gestellt. Ebenso wird Strafverfolgung in der „Hölle" oder sonst wo angekündigt.

Dabei enthielt das Neue Testament sehr wohl Hinweise auf Reinkarnation. Im 4. Jahrhundert wurden diese Hinweise von Kaiser Konstantin gestrichen. Das Christentum wurde damals zur Staatsreligion des Römischen Reiches erhoben.
Der Sinn dieser Verfälschung des Neuen Testamentes mag in der Auffassung begründet sein, dass Bürger, die an mehrere Chancen für die Entwicklung ihrer Seele glauben sich weniger gesetzestreu und autoritätsabhängig verhalten als jene, die an ein einziges Leben mit späterer Beurteilung durch ein „Jüngstes Gericht" glauben. Findet nur ein einziges irdisches Leben statt und man manipuliert die Menschen dahingehend, dass das Jüngste Gericht entscheidet, ob sie im Himmel oder der Hölle oder gar nicht oder wie auch immer weiterexistieren, dann kann man sie auch dahingehend manipulieren, wie sie sich verhalten sollten, um in den Himmel zu gelangen.

Genau dies hat die Katholische Kirche dankbar aufgegriffen und im 6. Jahrhundert den Glauben an die Reinkarnation offiziell als Ketzerei verdammt. Die Vorstellung früherer und späterer Leben würde die wachsende Macht der Kirche unterwandern, weil sie ihren Anhängern zu viel Zeit bei der Suche nach dem rechten Leben ließ.

Man muss sich nun darüber klar werden, dass der Inhalt des Neuen Testamentes verfälscht oder zumindest unvollständig ist. Eine umfassende schriftliche von Gott inspirierte Glaubensgrundlage für die Christen existiert nicht, weil die katholische Kirche diese verfälscht hat!

Die christlichen Kirchen vermitteln heute keine klaren Antworten zu den zentralen Fragen der menschlichen Existenz, die da sind:

„Wer oder was ist Gott?" – „Warum lässt Gott angebliche Ungerechtigkeiten, wie Gewalt, Naturkatastrophen und Hunger zu?" – „Was ist der Sinn des Lebens?" – „Was geschieht nach dem Tod?"

Allerdings hat Papst Johannes Paul II. die Haltung der katholischen Kirsche an dieser Stelle relativiert, indem er verkündete, die Seele des Menschen lebe nach dem Tod des Körpers unmittelbar weiter und brauche nicht auf den sog. „jüngsten Tag" zu warten. Insgesamt scheint diese Haltung nicht durchzudringen.

Die angesprochenen Fragen können sicher nicht mit letzter Sicherheit beantworten werden. In einer umfassenden Erörterung können aber sinnvolle Antworten gefunden werden. Dies versuche ich im Rahmen meiner Ausführungen. Diesen Antworten nähere ich mich bei der Suche nach Marcel in der jenseitigen Welt allmählich an.

Ich glaubte schon immer an Gott als den Ursprung allen Seins. Gott ist nach meiner Auffassung die URKRAFT, die UNIVERSELLE SEELE, die sich in uns vereinzelt.

Gott ist die Urkraft, die bereits vor dem Urknall existierte, wenn es den denn gab. Gott ist auch das Licht, zu dem die Gestorbenen nach dem Tod hingleiten, und das sie in Liebe einhüllt, so wie es manche Nahtoderlebende beschreiben.

Einzelseelen sind Teile der universellen Seele und des universellen Bewusstseins, das wir eben Gott nennen. Sie entwickeln sich im Laufe der Inkarnationen durch einen Zugewinn an Liebe und Erkenntnis und streben letztlich zurück zur Vereinigung mit der UNIVERSELLEN SEELE. Denn alles ist EINS. Dieses einheitliche Bewusstsein (Gott) entwickelt Ideen, die wir im Einzelnen wahrnehmen.

Du bist eine andere Idee Gottes als ich, aber wir sind Teile des Ganzen, des einen einheitlichen Bewusstseins. Auch alle Dinge wie Planten, Gebirge, Tische, Bier, Wolken, Elektrizität, Blumen, atomare Teilchen usw. sind Ideen Gottes. Zum Teil entspringen diese Ideen wie z. B. das Bier dem Geist der Menschen, die aber ja nur andere Ideen Gottes sind.

Ungerechtigkeiten wie ungleiche Lebensbedingungen, Reichtum und Armut, Hunger und Überfluss, Hass und Gewalt, Liebe und Zuneigung sind die Lebensbedingungen, unter denen die Seele des Menschen an Liebe und Erkenntnis gewinnen kann. Der Sinn des Lebens besteht darin, unter mehr oder weniger schwierigen Lebensbedingungen und Schicksalswendungen Erkenntnisse zu gewinnen und Liebe an die Geschöpfe dieser Welt weiterzugeben.
„Liebe" ist dabei das tief empfundene Gefühl der Verbundenheit. Die Liebesfähigkeit wächst im Laufe der Inkarnationen. Hat sie ihren Höhepunkt erreicht, vereint sich die Seele zu einem höheren Ganzen und letztlich mit Gott.

Jesus mag dazu eines der bekanntesten Beispiele von maximaler Liebesfähigkeit und Fähigkeit zur Vergebung darstellen. Er wird möglicherweise in seiner letzten Inkarnation, von der in der Bibel berichtet wird, die Voraussetzung für die Vereinigung mit Gott geschaffen haben. („Er sitzt zur Rechten Gottes…".).

Ungerechtigkeit, Gewalt, Naturkatastrophen und Armut verblassen in ihrer Bedeutung, wenn ich nach ihrem Sinn für den Reifungsprozess meiner Seele frage und somit mein Schicksal annehme statt mit ihm zu hadern. Ich nehme die Gewalt hin und weiß, da ich ein Wanderer zwischen den Welten bin, dass mir nichts endgültig Böses geschehen kann. Meine Seele ist unzerstörbar. Ich sinne nicht auf Rache. Ich bin fähig zur Vergebung.
"Der Herr ist mein Hirte, mir wird nichts mangeln. Er weidet mich auf einer grünen Aue und führet mich zum frischen Wasser. Er erquicket meine Seele. Er führet mich auf rechter Straße um seines Namens willen. Und ob ich schon wanderte im finsteren Tal, fürchte ich kein Unglück, denn

du bist bei mir, dein Stecken und Stab trösten mich. Du bereitest vor mir einen Tisch im Angesicht meiner Feinde. Du salbest mein Haupt mit Öl und schenkest mir voll ein. Gutes und Barmherzigkeit werden mir folgen mein Leben lang und ich werde bleiben im Hause des HERRN immerdar." (Psalm 23)

Ich fürchte auch im finsteren Tal kein Unglück, denn ich bin ein Teil des universellen Geistes, der mich niemals aufgibt, weil er dann einen Teil seiner selbst aufgäbe. „Er führet mich auf rechter Straße" bedeutet in diesem Zusammenhang nicht, dass mein Weg leicht, schön und unbeschwert ist, sondern dass das, was mir widerfährt, schon richtig im Sinne des universellen Geistes ist, der weder Marcel noch uns, die wir um ihn trauern, aufgegeben hat.

Lebe ich in der gegenwärtigen Inkarnation ein Leben bei bester Gesundheit und Intelligenz, wohlhabend und gesellschaftlich angesehen und anerkannt, sind dies keine Gründe für Überheblichkeit, sondern ebenfalls Grundlagen für Erkenntnisse. In solchen Lebenssituation stellt sich die Frage: „Was mache ich aus meiner Begabung, meiner Kraft, meinem materiellen Reichtum zum Vorteil meines seelischen Wachstums und zum Wohl der Schöpfung und ihrer Lebewesen?"

Es wird sich beweisen, ob ich in diesem komfortablen Leben die Chance nutze, an Liebesfähigkeit in Bezug auf meine Mitmenschen, andere Lebewesen und die Schöpfung insgesamt und an Erkenntnis zu gewinnen. Nutze ich meine Mittel, um die Verbundenheit zu anderen Menschen und zur Natur zum Ausdruck zu bringen? Oder nutze ich die in dieser Inkarnation mir zuteil gewordenen Vorteile ausschließlich zur Befriedigung meiner vordergründigen weltlichen Bedürfnisse?

Ganz gleich, was ich mache, es wird immer Folgen für meine Zukunft in diesem Leben und in späteren Inkarnationen haben.

Alexander Gosztonyi, Lebensberater und Rückführungstherapeut in Zürich vertritt die Auffassung, dass das Gesetz des Karma besage, jede Tat, die ein Mensch begehe, habe entsprechende Folgen.

„Jeder Mensch wird von allem, was er in einem Erdenleben an Gutem oder Bösem anderen tut oder antut, früher oder später, meist in einem der nachfolgenden Erdenleben, selber die Folgen tragen. Denn jeder Mensch muss genau das erfahren, was er anderen getan oder zugemutet hat, sei es gut oder böse.

Dazu Jesus: ,Alles, was ihr wollt, dass es euch die Menschen tun, das sollt auch ihr ihnen tun' (Lk 6,13), ,Richtet nicht, damit ihr nicht gerichtet werdet! Denn mit welchem Gericht ihr richtet, mit dem werdet ihr gerichtet werden.' (Mt 7,1-2; Lk 6,37)"

Gosztonyi vertritt die Ansicht, dass der Mensch bei Eintritt in die physische Welt alles oder fast alles aus vergangenen Inkarnationen vergisst. Dafür gibt er folgenden Grund an:

Es sei ... „ein Schutzengel des Menschen, dem das Vergessen zu verdanken ist. Er berührt seinen Schützling im Augenblick der Geburt und leitet damit den Vorgang des Vergessens ein. Das Vergessen tritt nicht abrupt ein, manche Kinder erinnern sich noch im Schulalter an gewisse Einzelheiten aus ihrem früheren Erdenleben oder aus ihrem Leben im Jenseits.

Der Engel erweist damit seinem Schützling eine Gunst. Jeder Mensch soll nicht nur ein neues Kleid – einen frischen physischen Leib – für die neue Erdenrunde haben, sondern auch seelisch und geistig ... unbelastet von seinen Erinnerungen an das Vergangene auf die Erde treten." (12)

In der Tat wäre es wohl eine ungeheure und unerträgliche Belastung, sich an alle negativen Erlebnisse und Handlungen der vergangenen Inkarnationen in diesem gegenwärtigen Leben erinnern zu können. Auch sind wir ohne diese Erinnerungen frei von Schuldgefühlen, abgesehen von denen, die aus der gegenwärtigen Inkarnation herrühren.

Die Frage muss aber gestellt werden, wie denn die Seele reifen kann, wenn sie sich an nichts erinnert. Denn wenn sie sich nicht erinnern kann, wird es ihr wohl auch nicht möglich sein, positive Konsequenzen aus vergangenem Erleben und Handeln zu ziehen. Sie zieht vielleicht Konsequenzen in der jenseitigen Welt aus dem vergangenen Erdenleben, inkarniert dann wieder und – plöpp – schon ist wieder alles an Erinnerung weg.

Hier hilft mir die Vorstellung, dass die Seele als kontinuierliche Instanz unserer Gesamtheit über diese Erinnerungen schon verfügt, diese aber während der Zeit in der physischen Welt in den Hintergrund treten.
Ich stelle mir auch vor, dass mit zunehmendem Seelenalter ein zunehmendes Erwachen eintritt. Dieses ermöglicht zumindest schemenhafte Erinnerungen an den Seelenauftrag, den Seelensinn und das bisherige Seelenerleben. Über das Seelenalter wird etwas im 19. Kapitel ausgesagt werden.

Zu Beginn des Lebens sind Erinnerungen manchmal rudimentär, bei manchen Kindern wie Stevenson erforscht hat auch ausgeprägt vorhanden. Allmählich verblassen diese Erinnerungen im Laufe der Kindheit.
Alle Erfahrungen und Schlussfolgerungen aus vergangenen Inkarnationen sind nach meiner Auffassung in der Seele gespeichert und wirken auf das Verhalten und die Einstellung des Menschen in seiner gegenwärtigen Existenz. Seele ist Energie und Energie kann Erinnerungen speichern.

Nach meiner heutigen Vorstellung durchläuft der Mensch in jeder Inkarnation alle früheren Stadien im Schnelldurchlauf:
Verhaltensweisen und Einstellungen früherer Inkarnationen werden noch einmal in bestimmten Abschnitten der Kindheit wiederholt. So setzen sich Jungen in einem bestimmten Alter gerne körperlich auseinander und verletzen sich dabei. Dies ist eine mögliche Strategie des „Sich-Durchsetzens", die die meisten erwachsenen Männer in unserer Kultur nicht mehr anwenden. Sie erproben heute andere Strategien, um sich zu behaupten. Im höher entwickelten Seelenalter werden sie dann entdecken, dass „Sich-Durchsetzen" an sich überhaupt keinen Wert hat, weil, wie bereits erwähnt, alles mit allem verbunden bzw. EINS ist, dem EINEN, dem Ursprung Gott entspringt. Deswegen setze ich mich immer auch gegen mich selbst durch, wenn ich mich gegen einen anderen behaupte. Betrüge ich jemanden, betrüge ich mich, tue ich jemandem Gewalt an, bin auch mir gegenüber gewalttätig.
Ich schade mir also selbst, wenn ich anderen schade. Dies kann auf vielfältige Art geschehen.

Meine Seele kann Schaden nehmen, weil ich die Benachteiligung meines Mitmenschen nicht ertragen kann, oder ich sie später bereue. Mein Kontrahent kann sich rächen wollen; ich fürchte seinen Gegenschlag und gerate so in den Kreislauf der Eskalation von Gewalt und Heimtücke.
Misstrauen und Neid entstehen und zerfressen unsere Seelen.
In Kriegen wird es am deutlichsten: Kein Volk hat am Ende einen Nutzen davon; alle Beteiligten erleiden mehr oder weniger ruinösen Schaden.

Diese Einsichten beruhen auf Erfahrungen vergangener Epochen, in denen kriegerische Auseinandersetzungen zum eigenen Verderben und dem Verderben anderer Menschen und Völker das bevorzugte Mittel der Konfliktlösung und der Bedürfnisbefriedigung nach Expansion darstellten.
Dabei haben die Seelen bestimmte für ihre Entwicklung wichtige Erfahrungen gemacht, die sie inzwischen aber durch bessere Einsichten hinter sich gelassen haben. Und dennoch gibt es immer wieder Rückfälle!

Unser Bewusstsein in unserem gegenwärtigen Körper scheint durch die alltäglichen Begebenheiten, Sorgen und Bestrebungen zunehmend den Kontakt zur eigenen Seele und damit den Kontakt zu ihrem wahren Selbst und zu Gott zu verlieren. Es geht im Diesseits darum, den Kontakt wiederherzustellen. Reinkarnationsforschung ist ein Weg, sich selbst, die eigene Bestimmung und Kontinuität zu erkennen. Es gibt noch andere Wege, über die später berichtet wird.

Schon vor ca. 30 Jahren hatte ich von psychotherapeutischen Behandlungen gelesen, die sich der Hypnose bedienen.
Die Absicht dabei ist es, frühkindliches traumatisches Erleben bewusst zu machen. Durch das bewusste Erleben des Traumas, kann dieses erfolgreich bearbeitet werden und verliert seine Dynamik und seinen Einfluss auf das Erleben und Handeln des Klienten im Hier und Jetzt.
In den Hypnosesitzungen aber, die in Bezug auf das Thema „Reinkarnation" von Bedeutung sind, gingen die Therapeuten zunächst unbeabsichtigt mit dem Patienten über den Zeitpunkt ihrer Geburt und dann noch weiter in

ihre Vergangenheit zurück. Die Patienten berichteten dann weniger aus der jenseitigen Welt, sondern vielmehr von früheren Existenzen in der diesseitigen Welt.

Das erneute Erinnern und Erleben furchtbarer Erlebnisse aus vergangenen Leben konnte sich dann als durchaus hilfreich bei der Traumatherapie und der Heilung des Patienten erweisen. Heute wird Reinkarnation in der Psychotherapie auch gezielt und gewollt eingesetzt.

Als ein Beispiel der verschiedenen Reinkarnations-Therapien führe ich den amerikanischen Psychiater Brian Weiss an. Er praktizierte in Miami als ein streng an konventioneller Naturwissenschaft ausgerichteter Arzt. Seine Patienten behandelte er nach den Erkenntnissen der Schulmedizin.

Als er bei einer psychotherapeutischen Behandlung einer Patientin über einen Zeitraum von mehr als einem Jahr völlig erfolglos blieb, versetzte er die Patientin in Tieftrance (Hypnose). Er beabsichtigte, in ihrer frühesten Kindheit das Erleben zu entdecken, welches ein Trauma bedingt und die heutigen massiven psychischen Störungen ausgelöst hatte. Es ergab sich aber, dass die Patientin hinter den Zeitpunkt von Geburt und Zeugung in ein früheres Leben zurückging. In dem sich nun erschließenden Erleben in einer früheren Inkarnation wurden Traumata entdeckt, die als Ursachen der heutigen psychischen Störungen gelten konnten. Tatsächlich lösten sich nun die Störungen allmählich auf. (13)

Das Besondere an dieser durch Brian Weiss veranlassten Rückführung ist nicht das Erinnern an frühere Inkarnationen und auch nicht die damit verbundene Besserung gegenwärtiger psychischer Probleme. Dies wird so von ihm und anderen Psychotherapeuten inzwischen immer wieder erfolgreich praktiziert.

In diesem Fall der Hypnose-Sitzungen entwickelte die Patienten aber auch mediale Fähigkeiten. Verschiedene Seelen, Energien, Wesen oder wie immer wir die Existenzen im Jenseits benennen wollen, gaben nun durch diese Patientin Botschaften aus der jenseitigen Welt an Dr. Weiss durch. Zwei Botschaften will ich hier wiedergeben, auch wenn ich ansonsten erst im 3. Teil auf Medialität zu sprechen komme:

„Wir wählen, wann wir in die physische Ebene eintreten und wann wir sie wieder verlassen werden. Wir wissen, wann wir das erreicht haben, weswegen wir hierher gesandt wurden. Wir wissen, wann unsere Zeit abgelaufen ist. … Wenn du die Zeit gehabt hast, dich auszuruhen und deine Seele mit neuer Energie zu füllen, wird dir erlaubt, deinen Wiedereintritt in den physischen Zustand auszusuchen." …

„Geduld und Zeitgefühl, alles kommt, wenn es muss. Ein Leben kann nicht vorangetrieben werden, kann nicht nach einem Zeitplan gelebt werden, wie so viele Menschen das möchten. Wir müssen das, was zu einer gegebenen Zeit zu uns kommt, akzeptieren und nicht nach mehr fragen. Aber das Leben ist endlos, also sterben wir nie, und wir werden nie wirklich geboren. Wir bewegen uns nur durch verschiedene Phasen." (14)

10. Quantenphysik und philosophische Folgerungen

In meiner geistigen und seelischen Auseinandersetzung mit dem Tod von Marcel schreibe ich dieses Buch. Zuvor habe ich selbst Bücher gelesen, die mir ein festeres Fundament geben könnten für das, was ich ohnehin annehme, vermute, glaube: Der Tod ist der Übergang in eine andere Existenz. Der Sinn des Lebens im physischen Körper ist die kontinuierliche Reifung und Entwicklung der Seele.

Zum Schluss des Lesevorgangs als **eine** Vorbereitung auf das Schreiben dieses Buches (neben Meditation, Gesprächen vor allem mit meiner Ehefrau und mit medial begabten Menschen) beschäftigte ich mich mit der Quantenphysik und machte die erstaunliche Entdeckung, dass dieser Zweig der Physik zu Ergebnissen und Auffassungen gelangt, die mit denen der Sterbeforschung, der holistischen Philosophie, den buddhistischen und urchristlichen (nicht kirchlichen) Lehren in Einklang zu bringen sind.

Es ist für einen rational geprägten Menschen wie mich wichtig neben Erfahrungen und Erlebnissen auch einen wissenschaftlichen Hintergrund für Vermutungen, Annahmen und Einstellungen zu bekommen. Ich benötigte auch auf diesem Weg mehr Klarheit für die Annahme, dass a) die Seele meines Kindes sich nach dem Tod des physischen Körpers weiterentwickelt und b) eine Verbindung von ihr zu mir möglich ist und – wie ich in späteren Kapiteln ausführen werden – auch tatsächlich geschieht.

Aus der Quantenphysik, die viele hundert Bücher füllt und inzwischen über eine über 100 Jahren andauernde Geschichte verfügt, kann ich im Rahmen meines Buches nur einen kleinen Ausschnitt präsentieren. Dafür scheinen mir zunächst einige Aussagen von Anton Zeilinger, einem der bekanntesten Quantenphysiker der Gegenwart geeignet, die ich nebeneinander stelle. Seine Aussagen werden von mir auch besonders gewichtet, weil er nicht in die Nähe esoterisch vorrangig interessierter Menschen gerückt werden kann.

„Elektronen sind Elementarteilchen. Protonen und Neutronen sind keine Elementarteilchen. Sie bestehen aus Quarks. Es läuft darauf hinaus, dass die Materie sehr einfach beschaffen ist: Sie hat nur drei verschiedene Bestandteile, Up-Quark, Down-Quark und Elektron.

Was ist nun wichtiger? Ist es die Materie oder ist es die Information? Was ist nun das wirklich charakteristische an einem Objekt? Man muss sich jetzt klar machen, dass alle Elektronen einander gleichen. Alle haben dieselben elementaren Eigenschaften. Ebenso gleichen sich alle Up-Quarks und alle Down-Quarks. Daraus folgt, dass man alle Quarks, aus denen ein Objekt besteht, gegen Quarks von woanders her austauschen kann – oder alle Elektronen gegen irgendwelche anderen Elektronen. Das würde sich nicht im Geringsten auswirken. Aus dem Hamburger würde keine Tasse Kaffee.

Der Austausch von Materie vollzieht sich auf einer anderen Ebene in allen lebenden Systemen: Unser Körper tauscht ständig die Atome und Moleküle, aus denen wir bestehen, gegen andere Atome und Moleküle aus.

Offensichtlich ist die Information darüber, wie die Quarks und Elektronen angeordnet sein müssen, um die Atome zu bilden, und wie die Atome angeordnet sein müssen, um den Hamburger zu bilden, wichtiger als die Materie, aus der sich unser Objekt zusammensetzt.

Information ist der fundamentale Baustein des Universums.“ (15)

„Ein Teilchen kann nie einen absolut exakten Ort besitzen, noch kann es eine absolut festgelegte Geschwindigkeit haben.

Diese Eigenschaft von zwei einander als präzise ausschließenden Größen … ist eine fundamentale Eigenschaft aller physikalischen Systeme, und es gilt für alle Größen oder Eigenschaften, die man messen kann." (16)

Hier handelt es sich um die Unschärfebeziehung, die Heisenberg bereits 1927 entdeckt hat. Umso erstaunlicher, dass in über 80 Jahren die philosophischen Konsequenzen nicht in die Köpfe und Gemüter von uns Menschen vordringen konnten. Die Unschärfebeziehung ist nämlich eine grundsätzliche Aussage über die Natur der Dinge, eine Aussage über das, was existiert. Das Elektron befindet sich nicht an einem Ort und bewegt sich nicht mit einer definierbaren Geschwindigkeit fort. Wir erfahren hier Grenzen dessen, was wir wissen können. Wir begreifen, dass das, was wir wissen und überhaupt auch was wir in Zukunft wissen können, Grenzen unterworfen ist. Wir können daher lernen, uns in Demut zu üben.

Zeilinger führt dann aus und bezieht sich auf den Physiker Louis de Broglie, dass wir uns von der Vorstellung lösen müssen, das Elektron sei ein Punkt, der sich bewegt. Materie besitzt eine Wellenatur. Jedes Teilchen, das sich mit einer bestimmten Geschwindigkeit bewegt, verfügt über eine mit ihm verbundene Welle. Wenn wir diese Beschreibung akzeptieren, können wir einem Elektron mehrere Geschwindigkeiten zuordnen.

Logisch bedeutet dies, dass jedes Materieteilchen unseres Körpers auch eine Wellenatur besitzt. Energie- oder Wärmewellen gehen ständig von unserem lebendigen Körper aus. Das gleiche gilt natürlich für tote Körper, ganz gleich ob sie zuvor lebendig waren oder nicht.

„Betrachten wir zwei Teilchen, die miteinander zusammengestoßen sind und jetzt jedes für sich in eine andere Richtung davonfliegen. EPR zeigten (Es handelt sich um Experimente, die Einstein, Podolsky und Rosen gemeinsam unternahmen, Anm. d. Verf.), dass die Messung an einem der beiden Teilchen den Zustand des anderen Teilchens ändert, ganz egal wie weit die Teilchen voneinander entfernt sind.

Diese Auswirkung der Messung des einen Teilchens auf das andere findet sofort und ohne Zeitverzögerung statt, also mit unendlich großer Geschwindigkeit." (17)

Die Messung beeinflusst also die Realität.

Hier wird deutlich, dass die Welt nicht unabhängig von uns so existiert wie sie uns erscheint. Vielmehr sind die Erscheinungen von unserem Tun abhängig. Es wird aber auch klar, dass Dinge zusammen gehören und alles mit allem irgendwie verbunden ist. Denn im Laufe der Jahrmilliarden oder besser der Endlosigkeit von Zeit, werden viele Elementarteilchen Berührung gehabt haben.

„Wir diskutieren nun einige der möglichen philosophischen Konsequenzen des Zusammenbruchs des Lokalen Realismus. (Unter „Lokaler Realismus" wird die Annahme verstanden, dass unsere Beobachtungsergebnisse einer unabhängig von der Beobachtung existierenden Wirklichkeit entsprechen, in der es keine Fernwirkung schneller als mit Lichtgeschwindigkeit gibt.) Es könnte also sein, dass die Realitätsannahme nicht stimmt. Dies würde im Grunde genommen bedeuten, dass die experimentell beobachtete Eigenschaft in einem ganz konkreten Experiment nicht eine Eigenschaft der physikalischen Welt ist, ehe die Beobachtung durchgeführt wird.

Es könnte auch sein, dass die Lokalitätsannahme nicht gilt. ... Zwei Orte, die uns als sehr getrennt erscheinen, wären für Quantensysteme nicht getrennt.

Auch ist es denkbar, „... dass die Realität nicht existiert, solange wir sie nicht beobachten. Wenn das wahr wäre, wäre die Welt ja irgendwie von uns abhängig, davon, ob wir sie beobachten oder nicht.

Oder von jemand anderem. Sein bedeutet, wahrgenommen werden. Der englische Philosoph George Berkeley sah darin einen Beweis für die Existenz Gottes (1710) als des allerhöchsten Beobachters, desjenigen, der die Welt auch dann beobachtet, wenn keine Menschen da sind." (18)

Das Bild der klassischen Physik sei eben falsch: „Wir gehen davon aus, dass die Welt mit ihren Eigenschaften ‚da draußen' eben genau so existiert, wie sie unabhängig von uns existiert. ... Aber vielleicht ist es auch umgekehrt. Alles, was wir haben, ist die Information, sind unsere Sinneseindrücke, sind

Antworten auf Fragen, die wir stellen. Die Wirklichkeit kommt danach. Sie ist daraus abgeleitet, abhängig von der Information, die wir erhalten." (19) Die Wirklichkeit – so die Schlussfolgerung aus dieser Beweisführung – ist relativ und subjektiv. Sie hängt von den mir zugänglichen Informationen ab, also von dem, was ich in und von meiner Familie, meiner Gesellschaft und meiner Kultur erfahre.

Gesellschaften und Kulturen stritten über alle Zeiten hinweg über das, was die Wahrheit ist, leider ohne deren Relativität in Betracht zu ziehen. Ohne Sinn und Verstand haben sie so viel Leid über die Menschen und andere Lebewesen gebracht. Dies alles geschieht auch heute noch.

Die erlebte Realität hängt aber nicht nur von den Einflüssen ab, die Kultur, Gesellschaft, Familie und sonstiges soziales Umfeld ausüben. Informationen erhalte ich über mein Gehirn und meine Sinnesorgane. Deswegen nehme ich die Welt anders wahr als mein Hund oder irgendein Kamel da draußen. Aber meine Wahrnehmung ist wie die des Hundes, des Kamels, der Fledermaus usw. lediglich subjektiv. Der Bär in einem Zoo wird die Realität auch anders wahrnehmen als der Bär in den kanadischen Wäldern. Prägung durch Kultur gilt auch für Tiere.

Wenn ich krank bin, ist das dann keine objektive Realität? Dies wäre eine provokante aber berechtigte Frage, die sich aus meinen Ausführungen ergibt. Um welche Krankheit handelt es sich? Für aus unserer – wie ich behaupte – subjektiven Wahrnehmung (eine andere gibt es nicht) ist die Vermutung einer objektiven Realität leicht zu widerlegen. Selbst in unserer Kultur wird ein Schnupfen sehr unterschiedlich bewertet. Nun ist aber jemand an Krebs erkrankt. Ist er objektiv krank? Diese Frage beantwortet man in unserer Kultur mit „ja". Er wird möglicherweise an dieser Krankheit bald sterben.

Ich meine aber, wir haben uns in unserer Kultur nur auf diesen Krankheitsbegriff geeinigt. Wir geben der „Krebserkrankung" eine bestimmte Bedeutung. Wir hätten es auch anders machen können!

Es ist – neben anderen Definitionen – m. E. die Definition denkbar, die Krebserkrankung als Geschenk anzusehen, das mich auffordert inne zu halten, mich zu besinnen, Kräfte zu mobilisieren, die ich in mir noch nicht kannte. Oder ich kann die Krankheit als Chance ansehen, mich würdevoll auf die gewünschte und ersehnte Heimkehr in die jenseitige Welt vorzubereiten, aus der wir alle kommen und in die wir unweigerlich zurückkehren wollen.

Die Zeit der Lebensbilanzierung und der Erledigung noch unerledigter Aufgaben ist gekommen.

Dies mag provozierend und absurd klingen, aber nur, weil wir nie eine andere Definition als die zugelassen haben, die fest in unserer Kultur verankert ist.

Außerdem verdrängt unsere Kultur den nicht abwendbaren Tod. Es wird möglichst wenig über dieses uns alle betreffende Phänomen gesprochen und wenn dann so, als ob es auf andere aber nicht auf mich zuträfe.

Als Kind unserer Kultur empfinde ich den Tod meines Sohnes als die größtmögliche Katastrophe, die mich ereilen konnte. Dass der Tod des Kindes eine größtmögliche Katastrophe ist, kann aber ebenso nicht als objektive Realität angesehen werden.

Ich kann auch den Standpunkt einnehmen, es ist ihm viel erspart geblieben: das Erleben möglicher Katastrophen, materiellen Mangels und letztlich von Siechtum und Alter. Ferner hat Marcel frühzeitig nach Hause in die „geistige Welt" gedurft und das zu einem Zeitpunkt, als es ihm gut ging und er mit Allem „im Reinen" war. Ich kann es ja so betrachten bzw. Realität so interpretieren: Ich darf nach dem Tod in meine Heimat der geistigen Welt zurück; ich habe meine Aufgabe in der Fremde, der physischen Welt erledigt. Wie schön: Ich darf mich vom Stress in der physischen Welt ausruhen. Der Begriff Stress trifft natürlich auf einen 90-jährigen Menschen in vielfachem Maße zu wie auf einen 21-jährigen. Sehr alte Menschen erleben den Tod häufig als Befreiung. Marcel ist der Stress des Alters lediglich erspart geblieben; er hat sich nicht befreit gefühlt.

Der Mathematiker Klaus-Dieter Sedlacek postuliert in seinem Buch „Unsterbliches Bewusstsein" die Existenz eines Vakuums außerhalb des Raum-Zeit-Universums.

Wenn denn die Realitätsannahme nicht stimmt, dass Eigenschaften der physikalischen Welt so sind wie wir sie wahrnehmen – unabhängig davon, ob sie jemand beobachtet, dann wären sie ja potentielle Eigenschaften einer anderen Dimension, die sich der physischen Welt erst unter Beobachtung zeigt. Als Möglichkeiten sind aber alle Eigenschaften vorhanden. Genauso verhält es sich mit der Anordnung von Quarks und Elektronen. Es gibt unendlich viele Möglichkeiten ihrer Anordnung. Alle Möglichkeiten werden in der „anderen Dimension" vorhanden sein. In der physischen Welt sind lediglich die Möglichkeiten entschlüsselt, die wir beobachten. Zeilinger sieht die Information als Grundstoff des Universums. Wo kommt die Information her? Wohl aus dem Vakuum, wie Sedlacek diese Dimension nennt.

Grundlage der Vakuum-These bei Sedlacek sind die Experimente der Quantenphysik, v. a. das „Doppelspalt-Experiment". Bei diesem unzählige Mal durchgeführten Versuch wird nachgewiesen, dass Photonen, also Lichtteilchen, miteinander interferieren.

„Bevor ein Quantenobjekt gemessen wird, ist es offensichtlich kein Objekt des erfahrbaren Raum-Zeit-Universums. Schon der Versuch, ein Quantenobjekt zu messen, lässt es sein Verhalten ändern. Dies zeigen die Doppelspalt-Experimente, die empfindlich auf den Versuch reagieren, eine Weg-Information (für das Lichtteilchen, Anm. d. Verf.) zu bekommen. In diesem Fall (dass man eben versucht, diese Information über den Weg des Lichtteilchens zu bekommen, Anm. d. Verf.) verschwindet die Interferenz. Deshalb ist die Messung oder die Stelle, an dem der Messversuch stattfindet, eine Grenze zwischen dem Raum-Zeit-Universum und dem Vakuum. … Ohne ein Vakuum, dass als Informationsspeicher dient, bleibt es ein unerklärliches Phänomen, woher die notwendigen Informationen kommen, die das Verhalten der Photonen erklären." (20)

Im Doppelspalt-Experiment tritt Licht aus einer Lichtquelle durch zwei Spaltöffnungen und wird auf einem Beobachtungsschirm aufgefangen.

Sind beide Spalte offen, sieht man auf dem Beobachtungsschirm helle und dunkle Streifen, die Interferenzstreifen. Ist dagegen nur einer der Spalte offen, erhält man einen relativ breiten Lichtfleck ohne Streifen.

Wenn Lichtteilchen als Wellen durch beide Streifen gehen, dringen sie so bis zum Beobachtungsschirm vor und löschen sich an manchen Stellen gegenseitig aus. Dadurch entstehen dann die dunklen Streifen. An anderen Stellen verstärken sie sich und es entstehen helle Streifen.

Nun wird ein Photonendetektor aufgestellt, der den Weg eines jeden einzelnen Photons ermitteln soll. Geht nun das beobachtete Photon durch den unteren oder durch den oberen Spalt oder durch beide gleichzeitig? Die Messergebnisse zeigen, dass ein einzelnes Photon lediglich durch einen Spalt geht. Aber unter Anwesenheit des Photonenzählers entwickelt sich keine Interferenz. Es gibt also keine Streifen auf dem Beobachtungsschirm. Stattdessen entstehen dort zwei Photonenhäufungen.

Unter Beobachtung verhalten sich die Photonen unterschiedlich zu der nicht beobachteten Situation. Die Ergebnisse a) Interferenzstreifen und b) zwei Photonenhäufungen sind natürlich beide beobachtet worden, sonst könnte ich sie hier nicht darstellen. Die Wege der Photonen zu den Ergebnissen fanden aber nicht beide unter Beobachtung statt. Die Wege wurden nur bei Ergebnis b) beobachtet.

Sedlacek schließt daraus, dass es sich um eine „Übergangsstelle vom Vakuum zum Raum-Zeit-Universum" handelt. „Photonen sind Quantenobjekte und jede Messung eines Quants bedeutet, dass es sich anschließend nicht mehr so verhält wie es sich unbeobachtet und ungemessen verhalten hätte." (21)

Verfügt ein Quant über Bewusstsein? – Natürlich nicht!

Aber es scheint so, dass es sich beim Doppelspalt-Experiment auf eine Veränderung der Wirklichkeit einstellt. Es zeigt Bewusstsein, verfügt aber über ein solches nicht. Es besteht aber eine Wechselwirkung von allem zum Vakuum, das den Ursprung für Bewusstsein bildet.

Auch der Mensch verfügt nicht unbestritten über Bewusstsein.

Er besteht – wie eine Tasse Kaffee oder eine Kaffeetasse aus einer An-

sammlung von Quarks und Elektronen. Nur durch Information funktioniert das Zusammenspiel dieser Elementarteilchen wie ein Mensch.
Es weist bis heute nichts darauf hin, dass das Bewusstsein des Menschen in dessen Gehirn erzeugt wird. Es ist möglich, dass es sich außerhalb von uns befindet. Das Gehirn ist nicht zwangsläufig Sitz und Produzent des Bewusstseins, sondern möglicherweise lediglich der Empfänger.

Vielleicht ist es aber auch beides: Empfänger (1. Bewusstsein) und Produzent (2. Bewusstsein). Ein Gedanke, den ich bevorzuge und im Laufe meiner Schilderungen immer wieder aufgreifen werde. Warum sollte die Information, die Quarks und Elektronen zu einem menschlichen Gehirn machen, diesem nicht ermöglichen, eigenes Bewusstsein zu produzieren. Stevenson gebraucht in diesem Zusammenhang andere Termini: „Individualität" statt 1. Bewusstsein und „Persönlichkeit" statt 2. Bewusstsein. „Obwohl ich den Begriff frühere Persönlichkeit für den Menschen, dessen Leben das Subjekt eines Falles erinnert, verwendet habe, so habe ich doch vermieden zu sagen, eine Persönlichkeit könne als Ganzes reinkarnieren, da es keinerlei Hinweise dafür gibt, dass sie das könnte. Was inkarnieren kann, ist vielmehr eine **Individualität**, die aus der unmittelbar vorausgegangenen Persönlichkeit und aus weiter zurückliegenden Persönlichkeiten stammt. Die Persönlichkeit besteht aus all den von außen beobachtbaren psychologischen Attributen, die ein Mensch zu einer bestimmten Zeit aufweist." (22)
Die Information aus dem Vakuum oder dem All-Bewusstsein (1. Bewusstsein bzw. Individualität) sucht einen Empfänger. Dies ist der aus Quarks und Elektronen in komplexer Weise zusammengesetzte Mensch. Das All-Bewusstsein separiert sich als Seele des Menschen. Gleichzeitig wird aber diese hochkomplexe Ansammlung von Quarks und Elektronen selbständig ein eigenes Bewusstsein (das 2. Bewusstsein bzw. die Persönlichkeit) bilden, das dann neben dem 1. Bewusstsein existiert. Beide Bewusstseinsformen befinden sich mitunter im Gegensatz. Ihre Vereinigung ist möglicherweise ein wesentlicher Inhalt oder ein wesentliches Ziel des Lebens im physischen Körper. Bei dieser Vereinigung dominiert natürlich das 1. Bewusstsein, die

Seele, der Anteil am ALL-Bewusstsein. Es unterliegt nun nicht mehr der Versuchung der Leidenschaften und der vergänglichen Bedürfnisse des 2. Bewusstseins, das in erster Linie auf die gegenwärtigen Lebensbedingungen seiner Gesellschaft und Kultur reagiert.

Der Urstoff des Universums ist also das dem Vakuum oder der „jenseitigen Welt" entspringende Bewusstsein mit allen von ihm gelieferten Informationen zu Anordnungen von Quarks und Elektronen.

Das Bewusstsein scheint teilbar, denn das Bewusstsein, das ich empfange ist anders als das, was ein anderer Mensch oder mein Hund empfängt.

Der Sinn ist die Entwicklung von Bewusstsein. Das Bewusstsein als Ganzes entspringt dem Vakuum oder Jenseits. Es wirkt auf uns, entwickelt sich und kehrt eines Tages zurück.

Ich fasse meine Gedanken und Schlussfolgerungen an diesem Punkt zusammen:

Was ich wahrnehme oder beobachte, beeinflusst die Realität.

Meine Wahrnehmung unterscheidet sich von der eines jeden anderen Lebewesen.

Jedoch besteht zwischen Menschen, die der gleichen Gesellschaft angehören und in dieser Gesellschaft unter ähnlichen Sozialisationsbedingungen aufwuchsen, eine große Überschneidungsmenge in der Wahrnehmung und der Einschätzung von Wirklichkeit. Menschen unterschiedlicher Kulturen schätzen Wirklichkeit unterschiedlicher ein, was zu Konflikten zwischen Völkern führt. Durch die unterschiedliche Ausprägung von Gehirnstruktur und Sinnesorganen nehmen die höheren Lebewesen, also die Säugetiere einschl. der Menschen die Wirklichkeit unterschiedlich wahr. **Allen Realitätswahrnehmungen gemeinsam ist ihre Subjektivität, keine Realitätswahrnehmung ist objektiv die richtige!** Es gibt überhaupt keine absolut gültige Realität. Realität ist das, was ich dafür halte. Ich erschaffe sie selbst. Das ist dann eine subjektive Realität.

Genauso aber wie Ort und Geschwindigkeit eines Elektrons unscharf sind, erscheint auch die objektive Realität unscharf, wellenförmig fließend.

Gott ist der initiierende allumfassende Geist. Wir, die wir möglicherweise Teile des unendlichen Bewusstseins Gottes repräsentieren, nehmen Ausschnitte der unscharfen Wirklichkeit wahr und erweitern diese im Laufe der Zeit. Dies ähnelt einem Puzzle, bei dem wir mit einem Teil nicht das gesamte Bild erfassen. Wir legen immer mehr Teilchen. Dadurch können wir das Gesamtbild vielleicht erahnen. Die umfassende Realität aber liegt bei Gott.

Ich stelle mir den Übergang vom Leben im physischen Körper zum Leben in der geistigen Welt etwa so vor:
Wenn die Grundlage von Allem Energie und Information ist und sich in der materiellen Welt aus kleinsten und identischen Teilchen zusammensetzt (Quarks und Elektronen), kann es sein, dass das I. Bewusstsein ebenfalls aus diesen kleinsten Teilchen besteht und sich nach dem Tod des Körpers vom Körper isoliert und als Welle sich verselbständigt. Die Verselbständigungshypothese erhält Nahrung durch die Nahtoderlebenden, die nach Einsetzen ihres physischen Todes das Geschehen um ihren Körper von Außen betrachteten.

Wenn denn der Grundstoff des Universums, Energie-Bewusstsein-Information" ist, dann ist die „geistige Welt" nicht da draußen, außerhalb der physischen Welt sondern in ihr, neben uns, die wir einen physischen Körper haben. Die Seelenwelle meines toten Sohnes hat mich mit einer anderen geistigen Energie in seinem Zimmer an jenem 3. März morgens erreicht und ich habe sie empfangen. Dabei habe ich die andere geistige Energie, die Marcel begleitete, gehört:
„Du brauchst dir keine Sorgen mehr um dieses Kind zu machen!"

Vor der Existenz von Menschen und Tieren, hat es natürlich auch Realität gegeben. Wer aber hat sie wahrgenommen und verändert? Es kann nur der allumfassende, initiierende Geist sein, den wir Gott nennen. Wäre die Realität von niemandem wahrgenommen worden, hätte sie nicht existiert und sich auch nicht entwickeln können. Die Tatsache, dass die Welt auch schon vor der Existenz der höheren Säugetiere und auch der Dinosaurier, denen ich Bewusstsein nicht absprechen will, existiert hat, kann tatsächlich als Gottes-Beweis, als Beweis für die Existenz von Bewusstsein außerhalb von Tieren mit einigermaßen entwickeltem Gehirn angesehen werden.

Die obersten Gebote für unser Zusammenleben sind daher tatsächlich Demut und Toleranz.

Dass ich zu dieser Erkenntnis an dieser Stelle gelangen werde, hätte ich zu Beginn des Schreibens dieses Buches nicht für möglich gehalten. Diese Erkenntnis ist aber eine logische Ableitung aus der hier wiedergegebenen Darstellung der Quantenphysik, ihrer philosophischen Konsequenzen und meiner Erlebnisse nach dem Tod von Marcel.

Wenn die Realität vom Beobachter abhängt, wird auch die Realität nach dem Tod von diesem Beobachter beeinflusst. Deswegen ist es bedeutsam, sich auf den Tod vorzubereiten. Bei der Vorbereitung auf den Tod geht es zum einen um das Wissen, was mich im Tod und danach erwartet, damit ich nicht zu sehr überrascht bin.
Hier wird nun ein Widerspruch deutlich: Wenn die Realität subjektiv ist und somit von dem jeweils Betroffenen als dem Beobachtenden abhängt, müsste es doch auch im Tod und danach so sein. Wenn ich annehme, der Tod sei das Ende der Existenz insgesamt also auch der Seele, müsste ich das unter der Prämisse der Subjektivität auch erleben.
Also ist in diesem einen Punkt der Sterblichkeit oder Unsterblichkeit der Seele diese Subjektivität aufgehoben. Ich kann lediglich fest annehmen, ich sei nicht tot, obwohl ich tot bin, wenn ich denn stets die Meinung vertreten habe, es gäbe nach dem Tod nichts, und da ist ja jetzt doch etwas. Der Annahme, ich sei nicht tot, obwohl ich tot bin, folgt nicht das Erleben von Nichts. Denn „Nichts" ist das einzige, was es nicht gibt. Es ist dann lediglich das Erleben von „Etwas", dass die Annahme, ich sei tot, aufhebt. Wir haben es dann mit erdgebundenen Geistern zu tun, die erleben, dass sie leben, aber nicht wahrgenommen werden.

Im Lauf der Jahrmilliarden, die dieses Universum existiert, werden Teilchen zusammengetroffen sein und somit (auch über beliebige Distanzen) miteinander verbunden sein. Sie beeinflussen sich auch heute noch.

Die Quantenphysik nennt dieses Phänomen „Verschränkung". Dies wird als eine mögliche Erklärung für Intuition, Telepathie, Medialität u. ä. m. angesehen. Aber auch die Nähe, die ich zu manchen Menschen erlebe oder auch zu Tieren und Objekten, kann mit Verschränkung erklärt werden. Es ist die Anwesenheit verschränkter Elementarteilchen in mir und in dir, die uns geistig verbindet und die das Gefühl von Verbundenheit (Liebe) auslöst.

Erwin Schrödinger, ein wesentlicher Mitbegründer der Quantenphysik fragt auf dem Hintergrund der quantenphysikalischen Experimente und Ergebnisse, ob die Entwicklung von Gehirnen notwendig war, damit die Welt „im Lichte der Bewusstheit aufleuchte. Wäre sie ohne das ein Spiel vor leeren Bänken geblieben, für niemanden vorhanden und damit recht eigentlich nicht vorhanden?"

Was ist der Sinn von Bewusstsein? Offenbar gelangt Schrödinger zu der Auffassung, dass das Bewusstsein in einen Kampf mit unserem primitiven Ich eintritt. „Wir zerstören und überwinden in der Entwicklung als Menschheit unseren primitiven Willen und ersetzen ihn durch etwas Neues." (23)
Hier erkennen wir weitere parallele Termini zum 1. und 2. Bewusstsein (nach Individualität und Persönlichkeit).
Der primitive Wille entspricht dem 2. Bewusstsein. Er entwickelt sich in der jeweiligen Person. Doch im Laufe der Inkarnationen der Individualität der Seele formt dieses konstante 1. Bewusstsein die Persönlichkeit. Durch diese Formung verliert der Mensch seine animalischen Aspekte und präsentiert seinen göttlichen Funken auf diesem Planeten.

Dies bedeutet: Die Seelenentwicklung des Menschen ist ein Weg über Jahrtausende, auf dem sich der Mensch von der Dominanz sog. primitiver

Impulse allmählich hin zur Dominanz geistiger Impulse entwickelt. Das „Neue" nach Schrödinger bzw. die „Individualität" nach Stevenson löst das primitive Ich letztlich ab. Unser universelles Bewusstsein, das unsere Individualität darstellt, weil es alle Inkarnationen überdauert, dominiert letztlich unsere Persönlichkeit bzw. unser primitives Ich und erfüllt den Plan Gottes.

Gott schafft Spiegelbilder seiner selbst. Es nutzt nichts, mit Eigensinn einen anderen Weg zu suchen, der einem besser gefällt: Der universelle Geist, das grundlegende Bewusstsein, also Gott hat nun mal die Spielregeln geschaffen hat. Und an einem Spiel ohne Einhaltung der Regeln erfolgreich teilzunehmen, geht nicht.

Auch Schrödinger fragt nach dem Sitz von Bewusstsein: „... während das Weltbild selber für einen jeden ein Gebilde seines Geistes ist und bleibt und außerdem überhaupt keine nachweisbare Existenz hat, bleibt doch der Geist selbst in dem Bilde ein Fremdling, er hat darin keinen Platz, ist nirgends darin anzutreffen. ... Wir sind so sehr daran gewöhnt, die Persönlichkeit eines Menschen ... eben doch in das Innere seines Leibes hineinzudenken, dass es uns erstaunt zu erfahren, ... dass er sich dort in Wirklichkeit nicht vorfindet."
Und weiter: „Unsere Schädel sind nicht leer. Aber was sich darin vorfindet ... ist doch wahrhaftig nichts, wenn es um Gefühlswerte und das Erleben einer Seele geht. ... Wenn Sie vor dem entseelten Leichnam eines Freundes stehen ... ist es nicht tröstlich zu wissen, dass dieser Leib nie wirklich der Sitz seiner Persönlichkeit war, sondern ... nicht viel mehr als eine richtige Briefanschrift oder Telefonnummer." (24)
In der Tat fand ich diese Überlegungen Schrödingers sehr tröstend. Der Leichnam meines Sohnes war nichts anderes als zuvor auch, ein Haufen Materie, Quarks und Elektronen, dem sich der Geist entweder – wie die Sterbeforschung beschreibt – durch den Riss der Silberschnur entzogen hatte, oder – wie Schrödinger annimmt – der nicht mehr von außen von dem Geist begleitet wurde und nicht mehr die Informationen erhielt,

auf eine ganz bestimmte Art und Weise zu funktionieren, zu handeln, zu fühlen und zu denken.

Nach quantenphysikalischer Auffassung ist ja Information der grundlegende Stoff des Universums, der eben der Ansammlung von Quarks und Elektronen, aus denen unsere Körper bestehen, ihre Ausdrucksformen wie grundlegende Funktionsweise, Bewegungen und auch Fühlen und Denken verleiht.

Wie können wir dann annehmen, dass, wenn der Geist dem Körper diese Informationen nicht mehr gibt und ihn als leblose Materie zurücklässt, dass er selber – der Geist – nicht mehr existiert?

Auch Max Planck, um einen letzten großen Physiker anzuführen, verdeutlichte bereits 1944, wie sehr wir „Materie" überschätzen:

„Es gibt keine Materie an sich. Alle Materie entsteht und besteht nur durch eine Kraft, welche die Atomteilchen in Schwingung bringt. … Wir müssen hinter dieser Kraft einen bewussten intelligenten Geist annehmen. Dieser Geist ist der Urgrund aller Materie." (25)

Wie erkennen die Parallele „Geist" als Urgrund der Materie bei Planck und „Information" als grundlegenden Baustein des Universums bei Zeilinger.

Wenn aber die Erkenntnisse der bedeutendsten Physiker in die Richtung eines Gottesbeweises laufen und dies schon über einen Zeitraum von deutlich über einem halben Jahrhundert, frage ich mich, warum die Kirchen diese Erkenntnissen nicht in ihre Theologie aufnehmen und den Menschen die Antworten vermitteln, auf die sie warten.

11. Ist der Zeitpunkt des Todes vorherbestimmt?

Was bedeuten diese Erkenntnisse für meine Suche nach Marcel?
Sobald ich annehme zu wissen, was mit ihm nach seinem Tod geschehen ist, weis ich auch, dass es ja keine absolute Wahrheit und Gewissheit gibt.

Meine Betrachtungsweise und ihre Ergebnisse sind rein subjektiv! Vielleicht aber endet mit dem Tod die Abwesenheit der allgemeingültigen Realitäten, so wie sie sich in unserer physischen Welt darstellen? Genauso endet auch das Prinzip der Dualität!

Sind Ungewissheit, Dualität und subjektive Realitäten ausschließlich an den physischen Körper gebunden?

Die Sterbeforschung belegt, dass die Erlebnisse von sterbenden Menschen, die erfolgreich reanimiert wurden, sehr ähnlich sind, unabhängig von ihren jeweiligen Überzeugungen, Kulturzugehörigkeiten, Sozialisationen u. ä. m. Dies ist ein Hinweis darauf, dass das Lebensprinzip der subjektiven Realität nach dem Tod aufgehoben ist.

Bedeutsam für mich an meinen hier niedergeschriebenen Gedanken ist mein Weg nach dem Tod von Marcel zu mehr Klarheit über das zu gelangen, was eigentlich geschehen ist. Aufgrund meiner seit dem 3. März 2007 gewonnenen Erkenntnisse bin ich mir sicher, dass seine Seele weiter existiert und dass wir lediglich durch eine Dimension getrennt sind, die ich auch noch oder besser erneut erfahren werde.

Im Rahmen der Meditation und der Kontakte über Medien ist es möglich, die Trennlinie zwischen Diesseits und Jenseits gelegentlich kurzfristig zu überschreiten.

Eine andere wichtige Frage betraf die Vorherbestimmung seines Todes. Sie quälte mich deswegen, weil ich mich natürlich mit der Möglichkeit der Verhinderung des Unfalls beschäftigte. Hätte ich den Unfall verhindern können, z. B. wenn ich am Vortag (2. März 2007) eher nach Hause gekommen wäre und Marcel – wie auch immer – von seinem Vorhaben abgebracht hätte, am Abend weg zu gehen.

Oder hätte ich nicht zumindest die Aktion unseres Hundes, in Marcels Bett zu pinkeln, als ernsthaften Hinweis deuten können? Dann wären mir doch Möglichkeiten des Eingreifens gegeben gewesen!

Leider habe ich den Hinweis von Bruno, dem Hund nicht verstanden.

Die Aktion von Bruno kann aber auch lediglich als Hinweis auf etwas Unabwendbares verstanden werden.
Noch deutlicher wird die Nicht-Abwendbarkeit des Dramas durch die Stimmen in meinem Kopf:

10 Minute nach und etwa 13 Stunden vor seinem Tod war es die gleiche Stimme, die mir die – vordergründig betrachtet – unsinnigen Mitteilungen machte, ich solle mich nicht beeilen, weil ich unendlich Zeit zur Kommunikation mit Marcel hätte, bzw. ich brauche mir keine Sorgen mehr um ihn zu machen.
Die gleiche Stimme, die 13 Stunden vor Marcels Tod sich in meinem Kopf bemerkbar machte, sprach – wie auch immer – wenige Minuten nach seinem Tod zu mir. Sie wusste also bereits bei der ersten Durchsage, was geschehen wird und das dieses Geschehen unabwendbar sein würde.
Was hat diese Stimme exakt 13 Stunden und 20 Minuten vor dem Drama am 3. März 2007 um 8.08 Uhr beabsichtigt?
Ich habe mich 13 Tage vor Marcels Tod von ihm im besten Einvernehmen verabschiedet; unsere Beziehung war zu diesem Zeitpunkt ungetrübt. Und ich empfinde stark, dass eine persönliche Begegnung so kurz vor seinem Tod die Belastung für mich in der Bewältigung dieses Dramas heraufgesetzt hätte. Darüber hinaus ist es möglich, dass eine Begegnung zwischen uns die ungetrübte Beziehung irgendwie negativ verändert hätte.
Der zweite wesentliche Punkt für den Sinn dieser Mitteilung, mich nicht zu beeilen, liegt in der sehr positiven Begegnung am Abend des 2. März zwischen Ully und Marcel. Sie erzählte mir noch am Abend des 2. März wie harmonisch ihr Beisammensein und ihr Abschied verliefen. So erlebte sie, die in der Zeit seit Marcels Pubertät eine von Konflikten behafte und sorgenvolle Beziehung zu ihm hatte, Zuneigung, Harmonie und Liebe.

Kontinuierlich habe ich mich in meinem Leben – neben psychologischen und juristischen Themen, die für meine berufliche Tätigkeit von Bedeutung sind, mit den Lehren des schon erwähnten mexikanischen Zauberers Don

Juan beschäftigt. Einen Teil dieser Lehren hat auch Marcel gelesen und sie stellten eines unserer Gesprächsthemen dar.

Don Juan begegnet dem in Kalifornien lebenden Anthropologen und Psychologen Carlos Castaneda. Er lehrte ihn – und Castaneda schrieb über diese Lehren – dass die Wirklichkeit mehr ist als das, was wir wahrnehmen und dass wir unsere Wahrnehmung erweitern können.
In dem Vorwort zu dem Buch „Die Zauberin" von Taisha Abelar, in dem sie ihre Erlebnisse schildert, die ihr von einer anderen Zauberin vermittelt werden, fasst Castaneda die Auffassung des Zauberers und der Zauberei zusammen:
„Er (Don Juan) hatte uns in das eingeführt, was in seiner Tradition „Zauberei" genannt wird, eine ganz pragmatische Kunst, durch die es jedem von uns möglich wird, Energie direkt wahrzunehmen. Um Energie auf diese Weise wahrzunehmen, ... müssen wir uns von unseren alltäglichen Wahrnehmungsgewohnheiten befreien. ...

Ein Zauberer geht davon aus, dass die Parameter der alltäglichen Wahrnehmung uns im Zuge der Sozialisation beigebracht werden – nicht unbedingt gewaltsam, aber doch so, dass sie bindenden Charakter haben. Ein Aspekt dieser obligatorischen Parameter ist ein Interpretationssystem, das Wahrnehmungsdaten zu Sinneseinheiten verarbeitet; aufgrund dieses Interpretationssystems ist die Gesellschaftsordnung insgesamt letztlich eine gemeinschaftliche Deutungsstruktur." (26)
Wir müssen also versuchen, das Interpretationssystem der Gesellschaft hinter uns zu lassen, um unser Wahrnehmungsspektrum zu erweitern.
Es gibt einige Möglichkeiten dazu; die sinnvollste, die v. a. unschädlich ist, liegt meines Erachtens in der Meditation oder auch in der Herstellung von gelenkten Trancezuständen.
Auf jeden Fall finden wir hier Übereinstimmungen mit den Ergebnissen der Quantenphysik: Realität ist subjektiv!

In Bezug auf den Tod sagt Castaneda zu Don Juan: "Du musst doch zuge-
ben …, dass das Nichtdenken an den Tod uns gewiss davor bewahrt, uns
seinetwegen Sorgen zu machen."
Don Juan antwortet: „Ja, diesen Zweck erfüllt es. Aber solch ein Sinn ist
schon eines Durchschnittsmenschen unwürdig – für einen Zauberer ist es
ein Hohn. **Ohne eine klare Vorstellung vom Tod gibt es keine Ordnung,
keine Besonnenheit, keine Schönheit."** (27)
An anderer Stelle sagt Don Juan, der Tod sei unser bester Ratgeber. Nur
wenn wir den Tod nicht aus unserem Denken und Fühlen verbannen und
uns der Begrenzung unseres irdischen Daseins bewusst würden, bezögen
wir die Tatsache unserer Unendlichkeit in unser Handeln ein. Dies bedeute,
die an anderer Stelle beschriebenen Dimensionen des Seins erhielten eine
größere Wichtigkeit als die in unserer Kultur derzeit bevorzugte.

Wenn Nahtod erlebende Menschen davon sprechen, im „unendlich be-
glückenden Licht" mit einem Mal zu wissen, wie alles mit allem zusam-
menhängt, das ganze Universum und die gesamte Weisheit Gottes zu
verstehen, dann identifiziere ich dieses Phänomen mit dem Begriff des
„*stillen Wissens*", das Don Juan wie folgt definiert:
„Es ist ein Wissen, das umfassende Kenntnis von allem hat. Aber es kann
nicht denken, Und darum kann es nicht aussprechen, was es weiß. Als der
Mensch dieses Wissen kannte und sich bewusst machen wollte, so glauben
die Zauberer, da verlor er die Ahnung von allem, was er wusste. Dieses
stille Wissen ist nichts anderes als … der Geist.
Der Mensch beging nun den Fehler, dies Wissen direkt erfahren zu wollen,
wie er auch andere Dinge im Leben erfuhr. Je mehr er erfahren wollte,
desto flüchtiger wurde das Wissen. … Es bedeutet, dass der Mensch auf
das stille Wissen verzichtet hat, um die Vernunft zu gewinnen." (28)

Die Seele weiß vom Bevorstehen des physischen Todes, bzw. von ihrem
bevorstehenden Wechsel in die astrale oder geistige Welt, ohne dass
dies dem Menschen als Ganzes bewusst wird. Denn der Mensch in der
physischen Welt hat sein stilles Wissen gegen die Vernunft eingetauscht.

Ich glaube, dass der physische Mensch je mehr um den bevorstehenden Tod Bescheid weiß, je mehr er in seinem bisherigen Leben in der gegenwärtigen Inkarnation in der Lage war, sich über seine körperlichen Funktionen und Begrenzungen zu erheben, bzw. zu erkennen, dass Wirklichkeit mehr ist als das Interpretationsmodell unserer Gesellschaft von ihr. Je mehr der Mensch durch Meditation oder andere Formen des Erkenntnisgewinns fähig war, die Dinge außerhalb unserer physischen Welt zu erspüren bzw. wahrzunehmen, je mehr wird er in der Lage sein, die Zukunft allgemein und seine eigene speziell zu erfassen.

Ich zitiere in diesem Zusammenhang die für mich in Bezug auf die Todesart von Marcel besonders wichtigen und anschaulichen Gedanken des bereits erwähnten Bernhard Jakoby, „Gerade in Bezug auf plötzliche Todesfälle gibt es im Nachhinein viele Anzeichen, die erkennen lassen, dass jemand seinen bevorstehenden Tod unbewusst geahnt hat. ... Die bekannte amerikanische Sterbeforscherin P. M. Atwater beschreibt den Prozess der unbewussten, inneren Ablösung bei einem plötzlichen Tod in ihrem Buch ‚Ins Leben zurückkehren':

In den meisten Fällen verändern Menschen ungefähr drei Wochen bis zu drei Monaten vor ihrem Tod ihr bisheriges Verhalten. Diese Verhaltensänderung beginnt damit, unerledigte Geschäfte abzuwickeln oder sich plötzlich neue Lebensziele zu stecken. Dieser Vorgang im Inneren des Betroffenen ist verbunden mit gleichzeitigen philosophischen Fragen nach dem Sinn des Lebens. Es folgt das Bedürfnis, jeden noch einmal zu sehen, der einem im Leben etwas bedeutet hat. ...
Ein tiefer Austausch von Gedanken und Gefühlen folgt. Was bisher niemals ausgedrückt wurde, wird nun den engsten Freuden und Angehörigen mitgeteilt. Alles, was im Leben wichtig war – ob Orte, Personen oder bestimmte Dinge – rückt für den Betreffenden in den Mittelpunkt. Die Person wirkt nach außen verändert und ist liebevoller und herzlicher. Wir halten das oft für einen Wendepunkt im Leben. ...
Anderthalb Tage vor dem eigentlichen Tod wirken die Betroffenen plötz-

lich beruhigt und friedlich. Sie erscheinen oft sogar in einem euphorischen Zustand von Vorfreude und Glück, so dass es den Eindruck macht, als ob etwas Wichtiges geschehen wird." (29)

Die Seele meines Sohnes bereitete sich offenbar auf den Tod ihrer vergänglichen Hülle vor. Marcel wollte etwa 3 Wochen vor dem Unfall unbedingt zu seinem kranken Großvater fahren. Einwände, das sei jetzt nicht nötig, da Opa nicht lebensgefährlich erkrankt sei, ließ er nicht gelten. Er fahre auch ohne uns, ließ er uns wissen. Er wollte sich verabschieden.

Er sprach sehr lang mit dem kranken Großvater über das Leben nach dem Tod. Er fiel ihm sichtlich schwer, Abschied zu nehmen.
Marcel verhielt sich vor seinem Tod besonders liebevoll gegenüber den ihm wichtigen Menschen.
In der Nacht bevor er starb, zog er eine Lebensbilanz.
In Bezug auf die Begegnungen mit mir stach hervor, dass es ihm ein Bedürfnis schien, mir seine guten Noten aus der Berufsschule vorzulegen und zu erläutern. Die Wandlung in der Schule war völlig neu, v. a. der Eifer, mit dem Marcel sich den Themen dort widmete. In seinem Leben – mit Ausnahme dieser letzten 3 Monate – war die Schule stets ein notwendiges Übel gewesen, dem man nicht zu viel Zeit widmen sollte. Nun steckte er sich neue Lebensziele.
Wahrscheinlich ist seine Seele davon ausgegangen, dass mir gute Schulnoten wichtig seien. Mir war aber wichtig, dass mein Sohn seinen Weg und durch diesen Zufriedenheit und ein gewisses Maß an Unabhängigkeit findet. Gute Schulnoten erleichtern dieses Vorhaben.

12. Das unendliche und das endliche Bewusstsein.

Wenn denn Geburt und Tod Biegungen des gleichen Flusses sind und die Seele unsterblich ist, erhebt sich die Frage, was nach dem Tod bleibt. Der Körper ist bei alten Menschen verbraucht. Bei kranken Menschen wird er durch die Krankheit von Innen, bei Unfällen oder Gewalt durch äußere Einwirkungen zerstört.

Tritt der Tod ein, bleibt der Körper als leblose Materie zurück. Dieser leblosen Materie wenden wir uns nach dem Tod zu. Wo aber ist die Energie, die den Körper verlassen hat? Ist sie nicht mehr vorhanden, weil ihre Existenz an die Lebendigkeit des Körpers gebunden war? Fällt sie in sich zusammen und hört auf zu existieren?

Wenn der Körper zerstört ist, kann die Energie in ihm nicht mehr wirken. Oder anders ausgedrückt, der Körper kann die Energie nicht mehr umsetzen; er eignet sich dazu nicht mehr.

Energie ist überall im Raum in unterschiedlicher Art und Weise vorhanden und unser Körper ist geeignet, Energien außerhalb von sich selbst in ihren völlig unterschiedlichen Eigenschaften zu empfangen und umzusetzen.
Was ist Energie?
Materie und Energie sind ineinander umwandelbar (E=mc2). Insofern ist auch Materie eine Form der Energie; bzw. sie kann in Energie umgewandelt werden. Wir essen Materie und wandeln sie in Energie um. Wir verbrennen Öl, Gas, Kohle, Holz etc. und erhalten durch die Umwandlung Wärme. Materie ist eine Sonderform der Energie.
Alles ist Energie! Und Energie ist überall.
Energie kann weder erzeugt noch vernichtet werden.
Die Gesamtenergie im Universum oder in einem isolierten physikalischen System verändert sich nicht. Die unterschiedlichen Formen der Energie können ineinander umgewandelt werden.

In seiner Naturphilosophie führte Aristoteles das fünfte „himmlische" Element ein. Im Gegensatz zu den vier irdischen Elementen Feuer, Erde, Wasser, Luft ist das fünfte Element, der Lichtäther oder Weltäther nicht wandelbar.

Nach Eintritt des Todes begibt sich diese Energie in die jenseitige, feinstoffliche Welt, den von uns nur scheinbar getrennten Weltäther. Die meisten von uns nehmen ihn nicht wahr. Gleichwohl ist diese Energie immer um uns herum.

Der göttliche Funke, die geistige Energie des Individuums, ist auf einer anderen stofflichen Ebene existent und auch sichtbar und spürbar. Wäre dem nicht so, wäre es unmöglich, dass manche Menschen die Energie Verstorbener wahrnehmen und von ihr präzise Botschaften erhalten. Auch in meinen Meditationen habe ich wenngleich wenige so doch klare Botschaften von Marcel und anderen jenseitigen Energieformen erhalten und sie als Einbildung abgetan, bis Marcel durch ein Medium mich wissen ließ, dass er um meine Meditation wisse und ich in dieser Meditation durchaus Verbindungen zu ihm herstelle, bzw. er in der Lage ist, Verbindung zu mir aufzunehmen.

In der Meditation setze ich die „Schwingung" oder Frequenz meines Bewusstseins von der grobstofflichen, physischen Ebene herab und öffne sie für die Energie der feinstofflichen Welt.

Die Wirkung der Meditation ist nicht nur belegt in der Beziehung zur geistigen Welt, sondern auch in ihrer Wirkung auf andere Bewusstseine in der physischen Welt.

Hierzu führe ich ein Experiment an, das ich aus Gregg Bradens Buch „Im Einklang mit der göttlichen Matrix" zitiere: „Im Jahre 1972 wurde in 24 nordamerikanischen Städten mit über 10.000 Einwohnern eine Studie durchgeführt, an der jeweils weniger als 1 % der Bevölkerung teilnahm. Die Teilnehmer wandten spezielle Meditationstechniken an, um eine innere Erfahrung von Frieden herzustellen, die sich in ihrer Umgebung widerspiegeln sollte. Dieser sog. Maharishi-Effekt ist nach Maharishi Mahesh Yogi benannt, der behauptete, dass Gewalt und Verbrechen in einer Gemeinschaft zurückgehen würden, wenn sich 1 % dieser Gemeinschaft seinen Meditationsmethoden widmen würde.

Diese und ähnliche Studien führten zu dem wegweisenden „International Peace Projekt in the Middle East", dessen Ergebnisse 1988 in dem Journal of Conflict Resolution veröffentlicht wurden. Während des Krieges zwischen Israel und Libanon Anfang der Achtziger wandten ausgebildete Teilnehmer die Methode der Transzendentalen Meditation an, um in ihrem Körper Frieden herzustellen, statt nur an Frieden zu denken oder dafür zu beten.

An bestimmten Tagen des Monats wurden diese Personen zu bestimmten Zeiten an Punkte im Kriegsgebiet gebracht. Während sie sich in inneren Frieden versetzten, sank die Anzahl der Terroristenanschläge, Verbrechen, Notaufnahmen und Verkehrsunfälle. Wenn die Teilnehmer ihre Übung beendeten, nahm die Statistik wieder ihren normalen Verlauf." (30)

Wir befinden uns im Leben in einer grob stofflichen physischen Welt.
Uns verbinden subjektive Wahrnehmungen, die z. T. ähnlich, z. T. unterschiedlich sind.
Die Existenz von Zeit und Raum sind gleiche, verbindende aber subjektive Wahrnehmungen.
Bei der Bewertung, was richtig und was falsch, was gut und was böse ist, driften die Meinungen schon mehr auseinander, je nach Kultur, Gesellschaft, Entwicklung, sozialer Herkunft und Weltanschauung.

Die zentrale Frage in Bezug auf das Ereignis des physischen Todes lautet:
Schafft der Körper Energie, Bewusstsein und Geist aus sich selbst heraus oder ist er lediglich ein geeignetes Empfangsgerät, wie Erwin Schrödinger meint?
Sondern sich im Tod Energie, Bewusstsein und Geist ab?
Erlebt die Seele dann das, was in den vielen Nahtoderlebnissen berichtet wird? Sie beobachtet ihren Körper von außen und das Geschehen drum herum, erfährt ein eventuelles Bemühen um Reanimation und verbindet sich bei Erfolg der Reanimation wieder mit dem Körper. Ist der Tod des Körpers aber endgültig, entflieht die Seele durch den Tunnel in das Licht der astralen Welt oder bleibt zunächst der Erde verbunden, weil sie ihren Tod nicht realisiert.
Vielleicht ist die Seele eine göttliche Energie, die von außen auf den Körper einwirkt und in ihm Prozesse, Handlungen und Bewusstsein bewirkt.

Dabei setzt sich diese Energie gleichermaßen im Körper fest wie sie auch weiterhin auf ihn von außen einwirkt.

Auf jeden Fall benötigt sie das fünfte Element, um sich bewegen zu können. Dazu führt Gregg Braden im schon genannten Buch aus: „Wenn er (der Raum) wirklich leer wäre, dann stellt sich die Frage, wie die Energiewellen z. B. unserer Handys oder die Lichtwellen, mit deren Hilfe wir etwas erkennen, von einem Ort zum anderen gelangen. Etwas muss diese Lebensschwingungen von einem Ort zum anderen übertragen. … Unsere Ahnung, dass wir irgendwie mit dem Universum, unserer Welt und miteinander verbunden sind, ist uralt. … Doch was uns verbindet, ist bis zum heutigen Tag heiß umstritten. Damit wir miteinander verbunden sind, muss es etwas geben, was die Verbindung erzeugt. Die Freigeister unter den Dichtern, Philosophen und Wissenschaftlern aller Zeiten haben immer wieder die allgemeine menschliche Ahnung zum Ausdruck gebracht, dass es in der Leere, die wir „Raum" nennen, doch etwas geben muss. Der Physiker Konrad Finagle (1858 – 1936) formulierte die offensichtliche Frage: ‚Angenommen man könne den Raum (auch den zwischen den Elementarteilchen des lebendigen Körpers, der ja auch aus lauter Atomkernen mit ihm umkreisenden Elektronen besteht, Anm. d. Verf.) zwischen aller Materie wegnehmen. Alles im Universum würde auf das Volumen eines Sandkorns zusammenschrumpfen. … Der Raum bewirkt, dass nicht alles am gleichen Ort stattfindet.' … Möglicherweise war unsere Zögerlichkeit, uns den Konsequenzen zu stellen, die sich daraus ergeben würden, wenn der Raum tatsächlich von einer intelligenten Kraft erfüllt wäre und wir Teil dieses Raums sind, das größte Hindernis für ein wahres Verständnis unserer Selbst und des Universums. Im 20. Jahrhundert hat die Wissenschaft entdeckt, was im leeren Raum ist: ein Energiefeld, welches sich von anderen Energieformen unterscheidet. … In einem Vortrag von 1928 sagte Albert Einstein: ‚Im Sinne der Allgemeinen Relativitätstheorie ist Raum ohne Äther unvorstellbar, denn in einem solchen Raum könnte sich nicht nur kein Licht fortpflanzen, es gäbe gar keine Grundlage für einen konstanten Raum.'" (31)

Ein weiteres Experiment aus der Quantenphysik beweist die Übertragung von Gefühlen ohne Zeitverzögerung. Gewebe der Versuchsperson wird isoliert in einem anderen Raum auf biochemische Reaktionen überprüft. In der Tat zeigt die DNS des abgetrennten Gewebes dieselben Reaktionen wie die DNS im Körper der Versuchsperson auf bestimmte emotionale Reaktionen der Versuchsperson auf die Filmsequenzen aus Kriegsfilmen, erotischen Filmen, komödiantischen Darbietungen etc. (32)

Dieses Experiment belegt unzweifelhaft, Gedanken und Gefühle wirken unmittelbar. Dazu benötigen sie einen Träger, das fünfte Element. Zeit und Raum, wie wir sie in unseren physischen Körpern erfassen, sind Illusionen, gleichwohl notwendige Illusionen, die unserer Existenz einen strukturellen Rahmen geben.

Gedanken, Gefühle, Meditation, Gebete u. ä. beeinflussen durch ihre Quantenwellen, das sind vom Körper abgeleitete Wärmestrahlen, abgehende Energien, zugleich alles im Universum, zumindest aber in räumlicher Nähe. Meine Gefühle beeinflussen die DNS außerhalb meines Körpers. Meine Meditation hat Einfluss auf das Verhalten anderer Menschen und sie ist auch geeignet, meinen Sohn zu erreichen und von ihm Botschaften zu empfangen. Meine Strahlung, erzeugt durch Emotionen, Gebete oder Meditation, wirkt überall, aber „überall" ist man sich des Empfangs nicht bewusst, genauso wenig wie ich mir aller möglichen „Empfänge" bewusst sein kann.

Das All-Bewusstsein, der unendliche Geist des Universums – Gott – hält alle Teilchen durch eine nicht sichtbare Kraft zusammen. Diese Kraft ist in jedem von uns. Das Bewusstsein des universellen Geistes ist entweder in uns und verlässt den Körper nach seinem Tod oder es ist neben uns und kann durch uns empfangen werden und bleibt dann selbstverständlich nach dem Niedergang des Empfängers erhalten.

Da zumindest der menschliche Organismus – im Gegensatz zu anderen Lebewesen, die vorwiegend an Instinkten gebunden sind – aber einen starken Eigenwillen entwickelt, entstehen aus meiner Sicht zwei Formen des Bewusstseins, das innere und das äußere Bewusstsein.

Das äußere Bewusstsein ist die Seele, also die göttliche Kraft, die von außen auf uns wirkt oder die sich mit unserem Körper zu irgendeinem Zeitpunkt der Schwangerschaft oder Geburt verbindet und sich nach dem Tod des Körpers wieder von dem Körper trennt.

Das innere Bewusstsein entwickelt sich im Laufe des Lebens. Es verselbständigt sich zunehmend und wird auch durch Prozesse des lebendigen Körpers genährt. Zunehmende Verselbständigung bedeutet, es entfernt sich von seinem Ursprung, dem Bewusstsein der äußeren Seele, aus dem es ja letztlich hervorgegangen ist.

Das 1. Bewusstsein (Seele) ist unendlich. Es tritt im allgemeinen Leben in unserer Kultur immer mehr in den Hintergrund und das 2. Bewusstsein (Psyche, die sich im Laufe des Lebens entwickelt) macht das, was es meint, machen zu müssen, um in seiner Umgebung (Gesellschaft, Kultur, Familie, Beruf usw.) zurecht zu kommen. Dieser Anpassungswille ist es auch letztlich, der uns von unserem seelischen Bewusstsein abkoppelt und entfremdet. In der Meditation hinterfragen wir den Sinn unserer Existenz in dieser Welt und zentrieren uns auf den Ursprung unseres Bewusstseins, unsere Seele.

Die physische Gestalt und ihr inneres Bewusstsein suchen in ihrer Existenz etwas, was gerade zählt, was dem Zeitgeist entspricht, was Anerkennung durch die Familie, Gruppe, Gesellschaft, Kultur verspricht. Sie werden mehr oder weniger an die gesellschaftlichen Normen und Werte angepasst. Sie erlernen die so genannten Kulturtechniken. So entwickelt sich von Geburt an dieses 2. an den Körper gebundene Bewusstsein (Psyche).

Dieses 2. Bewusstsein überlagert in der Regel das erste endlose Bewusstsein.

Das 2. Bewusstsein mag auch lediglich ein abgespalteter Teil des Bewusstsein der Seele sein, das sich den gesellschaftlichen Gegebenheiten anpasst, um im physischen Körper in der Gesellschaft zurecht zu kommen.

Diese Anpassung, die sich als zunehmende Überlagerung des 1. Bewusstseins darstellt, schreitet während der Dauer des Lebens im physischen Körpers fort bis dahin, dass die Seele (1. Bewusstsein) sich und ihren Auftrag, den sie für dieses Leben bzw. diese Inkarnation bekommen hat oder sich selbst ausgesucht hat, letztlich nicht mehr oder wenig wahrnimmt.

Wir wissen aus der Reinkarnationsforschung, dass Kinder etwa bis zu ihrem 6. Lebensjahr Bezug zu früheren Leben und zur geistigen Welt haben. Sie sehen eher verstorbene Verwandte und erinnern sich an frühere Leben in anderen physischen Körpern.

Sie sind durch die gesellschaftlich erzwungene Anpassungsleistung noch nicht so verbogen, dass ihr Bezug zu sich selbst verloren gegangen wäre. Deswegen ist es wichtig sich zu fragen, was wollte ich denn als Kind bis etwa zum 6. Lebensjahr, wenn ich mich daran erinnern kann. Kann ich die Frage nach meinen Absichten, Gefühlen und Erinnerungen in diesem Alter beantworten, beantworte ich die Frage nach dem Sinn meines jetzigen Seins, bzw. nach der Absicht meiner Seele in dieser Inkarnation. Ich finde so Bezug zu meiner Seele.

In der Innenschau meiner Seele, der Meditation sehe ich die täglichen Anforderungen dieser physischen Welt gelassener und weniger bedeutungsvoll. Sie quälen mich nicht. Meine irdischen Probleme in meinem gegenwärtigen physischen Körper erlangen eine andere geringere Wichtigkeit. Ich bekomme wieder mehr Bezug zu meiner speziellen Bestimmung. Manchmal gelingt eine Kommunikation mit Marcel oder auch mit anderen Leuten in der geistigen Welt oder mit der geistigen Welt als Ganzes, die mir bestimmte Hinweise übermitteln will.

Ich will nun auch nicht ständig meditieren und Marcel auf den „Wecker" gehen. Die Seelen in der geistigen Welt benötigen möglicherweise Ruhe für ihre Neuorientierung und Weiterentwicklung. Dabei will ich nicht stören und Marcel wird wissen, wann er Verbindung mit mir aufnehmen will und kann. Dass eine Verbindung gehalten werden soll, ist aus dem Hinweis am Abend vor seinem Tod abzuleiten, ich hätte unendlich Zeit, mit ihm zu diskutieren.

In der Meditation bin ich völlig wach, zentriert und leer. Leer bedeutet, es sind keine Gedanken und Gefühle vorhanden, nur Leere, Konzentration, Aufmerksamkeit und Wahrnehmung der Umgebung.

In der Meditation befindet sich die Seele in einem wacheren Zustand. Sie tritt in den Vordergrund. Damit werden auch Gefühle von Liebe, Vergebung und Toleranz dominant; Stress, Habgier, Eifersucht, Neid und Hass treten zurück.

Das 2. Bewusstsein, das sich mit dieser Welt auseinandersetzt, verliert in diesen Momenten an Bedeutung. Mir geht es dann besser. Auch das 2. Bewusstsein kann nun – und das ist möglicherweise **ein** Sinn der physischen Existenz – diese Eigenschaften von Liebe, Vergebung und Toleranz, ein altruistisches Bewusstsein entwickeln.

Aber diese Eigenschaften sind wirklich nicht von vornherein vorhanden. Ich muss hart darum kämpfen. Ich kämpfe also um die Integration des 1. Bewusstseins (Seele) mit dem 2. Bewusstsein (Psyche).

Nun kann man einwenden, ich würde durch Meditation und das Hervortreten des 1. Bewusstseins an Realitätsbezug verlieren, soweit sich dieser auf die Anforderungen in unserer erlebbaren physischen Welt bezieht. Das will ich aber nicht, weil es meiner Karriere in dieser Welt schadet, in der ich ja zurecht kommen muss.

Doch es schadet der Karriere gewiss nicht!

Wenn ich ausgeglichen bin und mich wohl fühle, meine Mitmenschen und mich wohlwollend und liebevoll wahrnehme, annehme und beurteile, erreiche ich auch meine irdischen Ziele schneller.

Ich bin mir dann meiner selbst mehr bewusst – oder ich bin selbstbewusster.

Ein mit sich selbst identischer Mensch wirkt sympathischer. Sympathien für sich selbst erwecken zu können, ist eine Voraussetzung für irdischen Erfolg. Und zum letzten Mal zur Vergebung: Anderen und sich selbst zu vergeben, lässt mich eben sympathischer und lockerer erscheinen, als wenn ich von Hass und Wut zerfressen bin.

Teil III: Botschaften von Marcel aus der jenseitigen Welt

13. Botschaften über Elektronik und Träume

In der Nacht vom 6. auf den 7 Oktober 2007 unterhielt ich mich mit meiner Schwägerin Ute auf der Terrasse des von uns bewohnten Hauses. Ich erläuterte ihr gerade meine Gedanken, dass Marcels Seele sich auf den plötzlichen Tod ihres physischen Körpers durch bestimmte Verhaltensweisen vorbereitet hätte. Dabei habe natürlich sein Alltagsbewusstsein (2. Bewusstsein) das Wissen der Seele (1. Bewusstsein) überlagert. So ahnte er möglicherweise seinen bevorstehenden Tod, ohne dieser Ahnung in konkreten Worten des 2. Bewusstseins Ausdruck verleihen zu können. Hätte man ihn gefragt, hätte er verneint, bald zu sterben.

Durch verschiedene Medien ließ er Monate nach seinem Übergang in die geistige Welt mitteilen, dass er noch soviel vorhatte und sich nicht bewusst auf seinen Tod vorbereitete.

Ich meinte zu Ute, die Seele lenke das Bewusstsein der sichtbaren physischen Gestalt (oder das 2. Bewusstsein) in eine bestimmte Richtung des Denkens und Handelns. Die Seele als übergeordnete alles überdauernde Energie existiere auch unabhängig von der Gehirnaktivität, bediene sich aber ihrer, um sich in der physischen Welt über das 2. Bewusstsein zum Ausdruck zu bringen. Der Urheber des gesamten Bewusstseins sei aber die Seele, die in ihren jeweiligen Inkarnationen bestimmte Aufgaben zu erfüllen habe. Vor dem Tod vollendet sich die Aufgabe, was sich bei Marcel in den geschilderten Verhaltensweisen gezeigt habe.

Wie zur Bestätigung meiner Rede blinkten plötzlich die Rücklichter unseres PKW, der unter dem offenen Carport stand. Sie blinkten vielleicht 10 Sekunden, als wir uns fragten, was das sei.

„Ob da jemand mein Auto aufbricht?" fragte ich.
Ute und ich schauten gemeinsam nach dem Rechten. An dem PKW an-

gekommen, also etwa weitere 10 Sekunden später, stellte sich das Blinken ein.

Es war niemand außer uns in der Nähe des PKW. Die Straße war leer. Wir gingen zurück und wieder auf der Terrasse angekommen, blinkten die Rücklichter erneut kurz auf.

Hat Marcel uns ein Zeichen seiner Anwesenheit gegeben?

Ein zweites Phänomen dieser Art widerfuhr mir wenige Wochen später, als ich in meinem Arbeitszimmer eines Morgens den PC anstellte. Ich begrüßte Marcel auf dem Bildschirm, als sich sein Bild dort zeigte.

„Guten Morgen, Marcel", sagte ich.

Wenige Sekunden später schrak ich dann auf. Ein für mich zunächst undefinierbares Geräusch füllte den Raum. Wo kam es her? Ich lauschte und ging allmählich in die Richtung, aus der das Geräusch kam. In einem Regal lag ein kleiner Kasten. In diesem Kasten befindet sich ein Akupressur-Gerät. Ich öffnete nun die Schachtel und tatsächlich, das Gerät vibrierte in dieser Schachtel.

Weil es mir nicht geholfen hatte, lag es vergessen in diesem Regal. Und nun war ohne äußere Einwirkung der Knopf betätigt worden, um es in Gang zu setzen. Von wem?

Von Marcels Seelen-Energie? Ich weiß keine andere Erklärung!

Inzwischen hatte ich Literatur zu dem Thema gelesen, das die Möglichkeiten der geistigen Welt behandelt, sich in unserer physischen Welt bemerkbar zu machen. Dies kann mit Hilfe optischer Erscheinungen geschehen oder durch akustische Signale oder auch in Träumen.

Die verstorbene Person der geistigen Welt kann sich immer wieder in Träumen zum Ausdruck bringen oder physikalische und elektronische Phänomene auslösen.

In diesem Zusammenhang verweise ich auf Ausführungen von Bernhard Jakoby, dieses Mal aus „Begegnungen mit dem Jenseits":

„Begegnungen mit Verstorbenen sind … weit verbreitet. Sie ereignen sich, wenn wir uns im Tiefschlaf befinden und das normale Wachbewusstsein ausgeschaltet ist. Unser Unterbewusstsein befindet sich jedoch im Traumzustand selbst bei tiefer Trauer in einem aufnahmefähigen Zustand.

Bei Träumen von Verstorbenen handelt es sich nicht um gewöhnliche Träume, in denen Erlebnisse des Tages verarbeitet werden. Diese „normalen" Träume erinnern wir schon meist beim Aufwachen nicht mehr. Die Träume von Verstorbenen sind allerdings von einer völlig anderen Qualität: Ihr Ablauf ist lebhaft und geordnet, sie sind wesentlich intensiver, und aufgrund ihres hohen Realitätsgehaltes werden sie nicht vergessen. ... Ein wiederkehrendes Motiv in den Träumen von Verstorbenen ist ihre Bitte, den Tod zu akzeptieren und sie loszulassen. Deswegen treten sehr häufig Bilder des Abschieds auf. Die Verstorbenen deuten damit an, dass sie sich in der geistigen Welt weiterentwickeln möchten. Ein zu intensiver Kontakt zum Diesseits kann den Aufstieg in höhere Sphären verzögern. Selbst wenn die Verstorbenen sich höher entwickeln und sich natürlicherweise für diese Welt nicht mehr interessieren, bleiben wir über die Gedanken mit ihnen verbunden." (33)

Ich träumte einige Wochen nach Marcels Tod eine Situation, in der sich Marcel, Ully und ich in unserer Wohnung begegneten.

Wir unterhielten uns nebenbei über relativ belanglose Dinge. Der Tisch wurde zum Mittagessen gedeckt. Als wir zu dritt um den Tisch saßen und aßen, fiel mir ein, dass Marcel tot ist. Ich fragte ihn: Weißt du eigentlich, dass du tot bist?" Er entgegnete: „Ja sicher, aber was macht das schon!"

Ich traumte also eine Alltagssituation, die wir im Laufe unseres gemeinsamen Lebens einige hundert Male erlebt haben dürften. Es waren keine Symbole, keine Verzerrungen, keine Irrealitäten in diesem Traum zu erkennen. Es verhielt sich alles wie in unserer vergangenen Wirklichkeit – mit Ausnahme des den Traum abschließenden kurzen Dialoges.

Concetta Bertoldi gilt als international bekanntes Medium. Auf der Grundlage ihrer Kontakte mit den Seelen in der jenseitigen Welt gibt sie Auskünfte über das Leben im Jenseits. So meint sie – und das stimmt mit Ergebnissen der modernen Sterbeforschung zu Nahtoderlebnissen überein – dass wir im Sterbevorgang zu Wissenden werden „und verstehen, welche Aufgabe wir in diesem Leben erfüllen sollten." (34)

Zu dem Thema des gewaltsamen Todes ist es auch ihre Erfahrung, dass die Seele des Sterbenden „den Körper sofort verlässt und nicht leidet." Schmerz sei eine physische Erfahrung. Trenne sich die Seele vom Körper, sei sie nicht länger im Physischen und erleide keinen Schmerz.

Man könne aber wohl auf der anderen Seite seelischen Kummer verspüren, wenn man erkenne, dass man eben an seiner Lebensaufgabe vorbei gelebt habe, dass man wichtige Chancen zur Erfüllung seiner Aufgabe nicht genutzt habe.

Frau Bertoldi schlussfolgert aus ihren Jenseitskontakten, dass die Zeitpunkte von Geburt und Tod, also von den Wechseln aus der einen Sphäre in die andere, vorgegeben sind. Dazu erzählt sie folgende Begebenheit: Zwei Schwestern seien zu ihr gekommen und erzählten, dass ihr Bruder immer wieder die Befürchtung ausgesprochen habe, keine 30 Jahre alt zu werden. Als der Bruder 28 Jahre alt gewesen sei, hätte er sich verliebt. Bald darauf hätten seine Freundin und er beschlossen zu heiraten. Als Hochzeitstermin sei dann der 29. Geburtstag des Bruders ausgewählt worden.

Als beide auf der Hochzeitsreise im Meer geschwommen hätten, „wurde es plötzlich stockdunkel, und ein Sturm kam auf. Sie schwammen auf das Ufer zu, aber die See war aufgewühlt, und es gab eine starke Strömung. Er drehte sich zu seiner Frau um und sagte: ‚Ich schaffe es nicht.' Sie sagte: ‚Natürlich schaffst du es! Los, komm schon!' Doch er ertrank. Er hatte mehr als einen Grund am Leben zu bleiben. Er war nicht unglücklich. Er beging keinen Selbstmord. Er wusste einfach, dass seine Stunde gekommen war." (35)

Nach Frau Bertoldi sind Seelen eine Energieform. „Sie können ihre Energie für alles Mögliche verwenden, z. B. um Gegenstände zu bewegen oder umzuwerfen. ... Sie können Lichter flackern lassen und den Wasserhahn aufdrehen. ... Manchmal richten sie es so ein, dass wir ein bestimmtes Lied im Radio hören. Das kann durch eine Verknüpfung mehrerer Faktoren erreicht werden. Vielleicht veranlassen sie, dass dieses Lied im Programm eines bestimmten Tages aufgenommen wird, und dann bringen sie uns über unser Unterbewusstsein dazu, das Lied im richtigen Moment einzuschalten." (36)

Letztgenanntes Phänomen erlebte Ully einige Male. Die beiden herausragenden Situationen schilderte sie wie folgt:

Am Abend vor ihrem Geburtstag am 19 April 2007, also etwa 6 Wochen nach Marcels Übergang in die geistige Welt wünschte sie sich von Marcel: „Marcel, am Morgen meines Geburtstages soll das 1. Lied im Radio, dass ich höre, von dir sein."

Was sie am Morgen ihres Geburtstages dann nach dem Aufwachen im Radio hörte, erlebte sie als ein wirkliches Geburtstagsgeschenk. Eine Frau sang (Name ist uns unbekannt): „It's a wonderful morning, it's a wonderful day, I'm coming home!"

Bis zu diesem Zeitpunkt litt Ully unter der Befürchtung, dass Marcel allein, unglücklich und desorientiert in der jenseitigen Welt sein könnte. Daher erlebte sie diese „Nachricht von Marcel" als Beruhigung für ihr Mutterherz. Er ist auf dem Weg zu seinem Zuhause.

Im November 2008 war Ully mit dem Auto unterwegs. Sie war an diesem Tag sehr traurig. Ihr liefen Tränen. Sie sagte dann ärgerlich: „Verdammt noch mal, Marcel setz dich neben mich und wenn du das nicht kannst, dann ist eben das nächste Lied im Radio von dir!"

Es war 17.29 Uhr. Sie hörte den WDR-Sender „1 – life". Es wurden Verkehrsstau-Meldungen durchgegeben. Dann folgte ein Moderatorenwechsel. Von dem nun folgenden englischsprachigen Lied, das ihr hinsichtlich des Interpreten, des Titels und Textes unbekannt war, übersetzte sie vier Aussagen:

„Es tut mir Leid!"

„Es war Zeit für mich zu gehen!"

„Behalte mich in guter Erinnerung!"

„Ich kann nicht da sein, wo du bist!"

14. Kontakte zu Medien

Paul Meek schlussfolgert aus seinen Wahrnehmungen der „geistigen Welt", die er als Medium beschreibt, dass „das physische Gehirn nur ein Körperorgan wie alle anderen Organe ist, dessen Aufgabe mit dem Tod endet. Wir wissen, dass wir einen Astralkörper haben und beim Tod in diesem Körper in ein neues Leben gehen. Mit uns nehmen wir alle wesentlichen Erinnerungen, alles wichtige Wissen, dass wir im Verlauf unseres Erdenlebens gesammelt haben, alle tiefen Gefühle und Empfindungen. Im Fortschreiten auf unserem Weg in der geistigen Welt werfen wir schrittweise alles überflüssige Gewicht an Kenntnissen und Erlebtem ab oder vergessen es, wenn man so will, weil wir es nicht mehr brauchen. … Alle wichtigen Erkenntnisse, alle Weisheiten und Wahrheiten sind in der Seele aufbewahrt." (37)

Es gibt viele Interpretationen der Wirklichkeit. Klar ist lediglich, dass wir als Menschen nur einen Ausschnitt der Wirklichkeit wahrnehmen. Nicht nur, weil nicht alles, was naturwissenschaftlich erforscht werden kann, noch nicht erforscht ist. Sondern eben v. a. weil unsere Sinnesorgane und unser Gehirn nur einen Ausschnitt wahrnehmen. Vielleicht nehmen wir auch nur eine Verzerrung dieses Ausschnittes wahr. Aber wir leben nun mal hier mit diesem Gehirn und diesen Sinnesorganen in einer bestimmten Familie, in einem bestimmten Land. Unsere Aufgabe ist es, „das Beste" daraus machen, auch wenn bestimmte Ereignisse schon feststehen. (Mein Kontrapunkt zur fatalistischen Lebenshaltung!)

Nach meiner Meinung waren Kontakte zu und Aussagen von Medien bis zum März 2008 Spinnerei.

Ich hielt zwar die Existenz meines Sohnes nach seinem Tod aufgrund meiner Auffassung von der Reinkarnation, der Wanderung eines jeden Menschen zwischen den „Welten" eher für wahrscheinlich, die Möglichkeit, direkte Botschaften von ihm zu erhalten, aber bestenfalls im Rahmen einer eigenen Meditation, durch Träume oder elektromagnetische Phänomene für möglich, aber eher auch für unwahrscheinlich.

So fuhren am 17. Februar 2008 – also knapp 1 Jahr nach Marcels Tod, Ully, Rebekka und deren Mutter Petra zu Herrn Brodesser nach Troisdorf. Nach einer kurzen Einführung und allgemeinen Fragestellungen sagt Herr Brodesser:

„Es geht um den Tod einer Person, die euch alle drei betrifft. Was auch noch nicht so lange her ist. Wo man gar nicht so ganz blutsverwandt ist, aber dennoch „Familie". Ich soll euch alle drei damit rein nehmen. Wo etwas am Ende zu schnell gegangen ist."
Dann zu Ully gewandt: *„Ist es richtig, dass Ihre Mutter noch hier ist? Ich soll Mutter grüßen und man gibt mir eine Flasche Melissengeist. Das ist für alles gut. Sie kann ein wenig Heilung gebrauchen.*
Sind Sie umgezogen in dieser Zeit?" –
„Nein" –
„Ich hätte gern zwei Adressen mit dir. Ich habe einen Vater drüben; es müsste Ihr Vater sein?" –
„Ja, auch er!" –
„Dann soll ich ja Mutter grüßen, von wem macht man das? Am besten vom Partner.
Gibt es einen Namen wie Dirk im Umfeld?" –
„Ja" –
„Würde es Sinn machen, Dirk zu grüßen? Ja klar, natürlich!" –
„Ist mein Mann!" –
„Und ihm auch ein Danke ausrichten, denn er ist ein lieber Kerl. Und auch wenn er nicht immer mit euren Ansichten konform geht, er arbeitet trotzdem zu. Dein Vater ist nicht die Hauptperson. Ist das richtig? Ja, nur mal ‚Hallo!' sagen und gucken."
Dann wendet sich Herr Brodesser allen zu: *„Geht es um eine männliche Person?"* –
„Ja!" –
„Ich wiederhole es noch einmal: Es kam zu schnell mit ihm. Und er muss im direkten Zusammenhang mit Dirk stehen, sonst würde ich den Namen nicht kriegen.

Er kann nicht von allen richtig Abschied nehmen, was auch immer da passiert ist, es verhindert, dass er ------ (tiefes Atmen) ------ scheiße gelaufen ------ (seufzen) ------ und ich darf es euch akustisch so weitergeben, denn er redet auch im Leben so. Ich nehme kein Blatt vor den Mund. Ich bin einer, der ehrlich ist. Auch wenn ich damit bei dem einen oder anderen anecke.

Andererseits ist ihm Harmonie wichtig. Aber ich ecke eben manchmal an. Aber selbst die waren bei der Beerdigung, bei denen er angeeckt ist.

Also, einige haben an ihn gedacht. Auch wenn sie nicht zur Beerdigung kommen sollten, wollten, durften. Wie auch immer. Es ist auch etwas kompliziert mit der Beisetzung. Ich habe auch Distanz, wo es auch immer passiert ist. Hier ist räumliche Distanz zur Heimat."

Ich will hier einfügen, dass wir zur Trauerfeier von Marcel 50 Menschen eingeladen hatten, da die räumliche Kapazität der Kapelle begrenzt war.

Als Grabstätte haben wir dann auf dem Bad Arolser Friedhof 6 Urnengräber nebeneinander ausgesucht. Die Urnen von Marcel und meinem Schwiegervater wurden gemeinsam am 17. März 2007 beigesetzt. Die anderen Grabstätten sind für meine Schwiegermutter, Ully und mich vorgesehen.

Herr Brodesser fährt dann fort:

„Musik ist ihm wichtig. Ihr habt auch im Nachhinein noch Musik für ihn gespielt."

Wir spielten bei der Trauerfeier Musik, die Marcel etwas bedeutet hatte. Wir haben dann auch Tonträger mit dieser Musik verteilt, genauso wie die Trauerrede des Herrn Müller.

Herr Brodesser wendet sich nun Rebekka zu:

„Und sogar du hast für ihn gebetet. Ist nicht deine Welt, richtig? Aber selbst du hast für ihn gebetet. Ich soll das unterstreichen.

Hat er zwei Vornamen?" –

„Ja!" –

„Könnte auch bedeuten, dass er einen Bruder hat.

Aufregung um seinen Tod. Was auch immer passiert sein mag. Es gibt Aufregung drum herum. Ist ihm im Nachhinein immer noch peinlich, so viel Aufregung.

Bitte ein Ja oder Nein! Die Farbe Rot kann auch eine andere Bedeutung haben. Aber spricht sie für eine Verletzung an ihm?" –

„Ja!" –

Dann zu Ully gewandt:

„*Ist dein Vater nach ihm gestorben?*" –

„Ja." –

„*Und das ist noch kein Jahr her?*" –

„Ja." –

„*Und mit deinem Vater ist was anders gelaufen. Ihr konntet noch Abschied nehmen.*" –

„Ja." –

Zu allen:

„*Steht ‚M' für Markus oder Michael?*" –

„Marcel."

„*O .k., Marcel könnte ich noch annehmen.*

Ich möchte gleich fragen, wie ihr zueinander steht. Ich möchte es jetzt aber noch nicht wissen, es macht mir aber ein bisschen Schwierigkeiten, wie ihr merkt.

Er ist noch so jung im Kopf. Da ist noch so viel im Kopf. Da sind Ideen und Zukunft im Kopf. Da sind Pläne, da sind Bilder. Ich möchte dies, ich möchte jenes. Wir haben da einen lebensfreudigen Menschen."

Und zu Rebekka:

„*Und du träumst manchmal von ihm?*" –

„Ja." –

„*Und er macht mir feuchte Augen, wenn ich dich jetzt anschaue. Einfach diese Emotionen, die da mit euch sind.*

Und es ist noch für ihn geschrieben worden. Es ist angekommen, auch ohne Briefmarke. Also es gibt so eine Art Abschiedsbrief möchte ich sagen."

Wir hatten die Trauergäste aufgefordert, am Schluss der Trauerfeier einen letzten Brief an Marcel zu schreiben, der dann in den Sarg gelegt und letztlich verbrannt würde.

„*Aber ich muss dir nicht sagen, ich habe dich lieb. Ich kann es dir zeigen hintenrum. Und am liebsten jetzt auf die Kirmes gehen und so ein kleines Lebkuchenherz irgendwo kaufen. Sein Tod hat dich extra berührt. Egal, wer vorher schon mal gegangen sein mag. Sein Tod ist extra und er hat auch das*

Sich-Auseinandersetzen damit geöffnet. Aber du wirst schon ein paar Bücher
gelesen haben. Er gibt mir so ein kleines Regal, das wächst.
Und ich mag dein Lächeln und würde dich am liebsten den ganzen Tag kitzeln.
Ja. Ich würde dich auch gern jagen. Und wenn du als Kind schreist, dann ist
das für ihn nur Freude.“
Zu Ully gewandt, seufzend:
„Es tut ihm Leid. Du tust nach Außen hin so stark, aber es tut ihm Leid; er
kennt dich besser.
Dürfte ich jetzt nachfragen, um mich besser ausrichten zu können, wie die
Konstellation ist. Erzähl mir jetzt einfach mal, wie seid ihr zusammen?“ –
„Der Verstorbene ist der Engste zu uns beiden“, antwortete Ully und
meinte sich und Rebekka.
„Aha, dann ist es dein Sohn, denn ich muss dich Mama nennen und ich muss
den Dirk grüßen. Wer macht das? Aber es nicht der Marcel, oder?“ –
„Doch!“ –
„Aha! Hast du mal einen Abgang oder eine Fehlgeburt gehabt? Denn ich be-
komme immer wieder: ‚Ich habe einen Bruder!‘ Aber ihr sagtet vorhin, er habe
keinen Bruder. Da muss mal eine Fehlgeburt gewesen sein.“ –
„Vielleicht!“
Ully drückt mit dem „Vielleicht“ die Möglichkeit einer Fehlgeburt bei sich
aus, von der sie nicht sicher weiß, ob eine solche stattgefunden hat. Sie
dachte nicht an die Fehlgeburt meiner Ehefrau aus 1. Ehe.
Herr Brodesser richtet sich an Rebekka:
„Und wem gibt er das Herzchen? Das war vorhin bei dir! Ihr müsst euch in einer
Form gekannt haben, dass es von vornherein passte. Denn es ist eine Art; ich
möchte jetzt ausnahmsweise den Ausdruck ‚Seelenverwandtschaft‘ gebrauchen.
Das Zusammensein hier mit euch ist speziell, extra, wie auch immer, das hebt
sich ein bisschen ab von den Partnerschaften sonst in eurem Alter. Ohne Wer-
tung. Ich gebe es jetzt mal nur so weiter, wie es mir hier gegeben wird. Also,
wenn ihr nicht die Sandkastenliebe seid, dann muss es so sein: Man trifft sich
und das ist es dann! So gibt er es mir.
Von wem hast du von seinem Tod gehört? Du warst nicht dabei. Du bist be-
nachrichtigt worden.“ – (Er deutet mit den Fingern einen Telefonhörer an.)

„Ja." –

„Da sind aber noch andere Leute involviert in dem Geschehen. Aber du bist nicht dabei. Andere kriegen es aber mit. Es gibt noch andere Menschen, die die Schocksituation noch nicht verarbeitet haben." –

„Ja." –

Dann zu Ully:

„Hatte er schon eine eigene Wohnung?" –

„Ja." –

„Er hat Grund, sich bei euch allen zu bedanken. Bei dir als Mutter ist das keine Frage. Er ist auch dankbar für die Beziehung, wie ihr zueinander steht. Da ist nicht nur Mutter und Sohn. Es gibt auch ein Zeichen für Freundschaft."

Dann zu Rebekka:

„Und mit Verlaub, Jungens gucken immer auf die Mama. Sie wissen so, was einen erwartet, wenn man älter wird."

Und wieder zu Ully:

„Ist es richtig, dass du ihn noch hast sehen können, seinen Leichnam?" –

„Ja." –

„Ist es richtig, dass es noch nicht richtig geklärt ist. Es gibt noch Fragezeichen! Polizei muss im Spiel sein, aber es ist noch nicht auf den Punkt gebracht." –

„Doch." –

„Nein! – Er muss selbst am Steuer gesessen haben, nee, nee. Da sind die anderen Personen von vorhin, die involviert waren. Andere machen sich heute noch den Kopf, auch wenn man ein Schuldgefühl mit sich rumschleppt und das wurde er ihnen am liebsten nehmen wollen. (Was er ja auch getan hat, indem er Ully bei der Trauerfeier antrieb, über Vergebung zu sprechen.) Er ist ein Typ, der eigentlich Harmonie haben möchte. Er möchte Schuld wegnehmen. Habt ihr noch Bezug zu den Leuten?" –

„Nein." –

„Denn wenn er nicht so gestorben wäre, dann anders. Denn der Tag war da! Wenn wir geboren werden, hat jeder sein eigenes Drehbuch unterm Arm mit leeren Seiten. Es gibt Kapitelüberschriften. Es sind zwei Termine im Drehbuch festgelegt: Der Tag, an dem wir geboren werden und der Tag, an dem wir wieder zurück dürfen. Wenn es so nicht passiert wäre, an jenem Tag, dann wäre es anders geschehen."

Herr Brodesser wendet sich wieder Rebekka zu:

„Legst du manchmal Steine am Grab an?" –

„Nein." –

„Das Grab ist ohnehin wichtig. Da will ich gleich noch mal drauf eingehen. Da ist irgendwas noch nicht klar. Das verstehe ich noch nicht."

Er wendet sich nun allen dreien wieder zu:

„Ich weiß nicht, wie das bei euch ist. Aber wenn hier eine Urnenbestattung ist, dann wird eine kurze Messe oder Andacht gelesen, und dann kommt es zur Einäscherung und dann ist die Urnenbeisetzung. Da sind dann nicht mehr so viele Leute wie bei der Messe. Ein Urnengrab hat nicht die Möglichkeit, viele Kränze niederzulegen. Da macht man auch keine Fotos von dem Grab. Dennoch zeigt er mir Fotos. Habt ihr Fotos von dem Grab gemacht?" –

„Ja." –

„Habt ihr euch die Fotos ausdrucken lassen?" –

„Ja." –

„Schaut euch die Fotos noch mal an. Mit einem dritten Auge! Manchmal gibt es einen Schattenwurf. Und er gibt mir ein Zeichen, da könnte man was rein interpretieren."

Herr B. wendet sich Petra zu:

„Jetzt bist du anders in den Tod involviert als deine Tochter." –

„Ja." –

„Hast du gleichwohl von ihm geträumt?" –

„Ja." –

„Ihr könnt Marcel einen großen Wunsch erfüllen. Versucht, immer im Kontakt zu bleiben. Das ist ihm wichtig. Er sieht in eurem Kennen lernen quasi ein Zusammenfügen von Familien.

Anregung zum Meditieren: Bilder in den Kopf kommen lassen und die Botschaft annehmen. Sie kommen definitiv zu uns. Sie dürfen uns manchmal helfen, aber sie dürfen nicht eingreifen. Er musste diesen Unfall machen.

Wenn wir drüben sind, brauchen wir immer ein Medium, um etwas mitzuteilen. Das ist umso schwerer bei der eigenen Familie, denn da kommt der eigene Kopf mit rein. Und wenn wir von drüben versuchen, Bilder zu geben, dann gelingt es häufig in Puzzle-Form, heute eins und in drei Monaten eins. Das kommt nicht in der Gleichmäßigkeit, wie wir es gerne hätten. Tauscht euch darüber aus und macht vielleicht Notizen, v. a. bei Träumen, denn ein Traum wird schnell vergessen oder erlischt."

Wieder zu Rebekka gewandt, sagt er:

„Er hat Pläne mit dir im Leben und nicht zu platt. Er hat sich die Hörner abgestoßen und weiß, was er an dir hat. Hat er eine Wohnung, zu der man eine Treppe hoch geht?" –

„Ja." –

„Und er möchte dich am liebsten immer vorschicken?" –

„Ja." –

„Aber das ist nicht das Wichtigste an eurer Beziehung. Der körperliche Kontakt gehört dazu, aber da innen drin, das ist eine ganz andere Geschichte.".

Herr B. wendet sich nun wieder an Ully:

„Hast du sie benachrichtigt?" –

„Ja." –

„Die Kraft hätte er nicht gehabt. Er ist so ein bisschen der Kerl mit zwei Gesichtern. Er kann eine Maske aufsetzen und nach außen hin tun: Holla, ich bin der starke Typ! Aber wenn ich zu den Menschen komme, die mir wichtig sind, dann: Komm, hab' mich lieb. Und einem anderen mitteilen, da ist jemand gestorben, den du gern hast, das ist keine schöne Aufgabe, und er hätte das nicht so rüber bringen können wie du. Du bist auch jemand, der viel mitbekommt. Manche Sachen hast du in den Knochen: Ahnungen, Vorahnungen, spiel' damit, gehe nicht so sehr mit dem rechnerischen Kopf daran, lass' das intuitiv zu.

Er ist also umgezogen und das nicht vor langer Zeit. Es spielt sich alles in einem Zeitrahmen ab. Es ist Scheiße gelaufen, bezieht sich auch auf die Wohnung, gerade die Wohnung gehabt, Ideen gehabt, und dann ist schon alles wieder vorbei."

Nun wendet er sich wieder Rebekka zu:

„Was oder wer dir im Leben auch noch immer begegnen mag, wann immer du noch Schmetterlinge im Bauch bekommen magst: Er gehört zu dir. Ihr habt was festgemacht. Mit Ewigkeit, Amen! Die Beziehung gehört in eure beiden Kapitel

hinein. Es gibt aber in der geistigen Welt nicht etwas, was wir Eifersucht nennen. Wenn du mal einen neuen Partner findest, gibt es drüben nur Freude."
Zu allen:
„Gibt es noch Fragen, die ich versuchen kann, zu beantworten?" –
Rebekka: „Hat er gewusst, dass er stirbt? Hat er sofort gewusst, dass er tot ist?" –
„Hast du schon mal ‚Ghost, Nachrichten von Sam' gesehen? Da wird dieser Sam erschossen und läuft seinem Mörder hinterher, da er nicht weiß, dass er tot ist. Bei ihm ging es auch so schnell. Da gibt es keine Zeit für Schmerz. Er hat nicht gelitten. Schock, er gibt mir das Gefühl für Kälte. Die kurze Zeit, die er noch mit der Verletzung lebt, die ist schmerzfrei, man kann annehmen, er steht schon neben sich. Da ist erstmal Verwirrung bei ihm.
Es ist interessant: Obwohl ihr alle trauert, alle geschockt seid, da sind sehr, sehr viele Menschen um Marcel herum, die gleich für ihn beten. Da ist gleich positive Energie, wie auch immer, das muss nicht beten sein. Da sind Menschen, die Gott einfach bitten, pass' auf ihn auf. Ihr habt auch Gott nicht einmal verflucht, ihr habt gleich für und mit ihm gearbeitet. Das ist eine interessante Konstellation hier!
Das Zweite ist: Er weiß in diesem Moment noch nicht, dass er tot ist. Er gibt mir Dunkelheit. Heißt das, dass es nachts passiert ist?" –
„Morgens." –
„Es ist jetzt makaber, aber ich soll das so weiter geben. Seine letzten Gedanken, die er im menschlichen Körper hatte, sind tatsächlich: ‚Scheiße gelaufen!'"
Dabei macht Herr B. eine Handbewegung, wie geradeaus fahren und plötzlich nach links vom Weg abkommen.
„Ich sehe die Situation", fährt er fort, *„was jetzt auch immer passiert ist, es gibt kein Ausweichen mehr. Er sieht es und in diesem Moment ist es auch schon gelaufen. Keine Zeit mehr für Aggressionen. Deswegen möchte er auch die Schuldgefühle von dem Unfallverursacher wegnehmen."*
Zu allen:
„Sein Unfall gehört nun mal in dieses Drehbuch hinein, das euch danach alle verbindet. Sein Tod bewirkt: Nachdenken, Überlegen, Orientieren im Leben. Macht der Monat März mit ihm einen Sinn? Ich soll nach der Drei gucken." –

„Er ist im März gestorben." (3.3.) –
„Wenn ihm etwas Leid tut, dann, dass er keinen Abschied nehmen konnte. Andererseits ist er auch kein Mensch, der gerne Abschied nimmt. Er kann nicht gut alleine. Er hat sich auch schwer mit dem Umzug getan. Aber er hat Pläne im Kopf, also so: ,Ich möchte später mal ein kleines Häuschen, einen Garten, Wasser, Tiere, es muss auch Hund und Katze geben dürfen, denn ich möchte jetzt was zum Streicheln haben.'
Gibt es das Handy von Marcel noch?" fragt Herr B. dann Rebekka.
„Ja." –
„Ich bekomme das Bild. Du brauchst kein Handy, wenn du mit ihm reden willst. Und als er noch bei dir war, wusstest du sofort, wenn er anruft. Ihr habt einen wunderbaren Draht miteinander. Das sehe ich selten. Ich danke euch. Ihr seid eine tolle Clique, was spirituelle Schwingungen angeht."

Für mich die wichtigste Aussage, weil ich mich mit der Vorherbestimmung des Todestages beschäftige:
„Denn wenn er nicht so gestorben wäre, dann anders. Denn der Tag war da!

Wenn wir geboren werden, hat jeder sein eigenes Drehbuch unterm Arm mit leeren Seiten. Es gibt Kapitelüberschriften. Es sind zwei Termine im Drehbuch festgelegt: Der Tag, an dem wir geboren werden und der Tag, an dem wir wieder zurück dürfen. Wenn es so nicht passiert wäre, an jenem Tag, dann wäre es anders geschehen."

Ich komme auf das Ereignis zurück, dass unser Hund in Marcels Bett gepinkelt hat und auf die zwei Stimmen, die ich etwa 14 Stunden vor bzw. 10 Minuten nach seinem Unfall gehört habe. Ich beziehe mich auch auf sein verändertes Verhalten, dass ich im ersten Teil ausführlich beschrieben habe und meine Schlussfolgerung über den möglichen Sinn seines Lebens, den er erfüllen konnte, auch und möglicherweise gerade, weil er zu diesem Zeitpunkt in die andere Wirklichkeit überwechselte.
Mich beeindruckt auch das Ziehen einer Lebensbilanz wenige Stunden

vor dem Unfall. Dass Ully und er schöne Stunden an diesem Abend miteinander verbrachten, stellt für mich eine Beruhigung dar und macht meine durch die 1. Stimme herbeigeführte Abwesenheit sinnvoll.

Auch wenn nach meiner Interpretation Herr Brodesser sich im Laufe der Sitzung mit Ully, Petra und Rebekka das Geschehen um den Todeszeitpunkt von Marcel hart erarbeitet, so lag er im Großen und Ganzen doch richtig. Er erhielt offenbar Durchgaben v. a. in Form von Symbolen aus der geistigen Welt, auch speziell von Marcel.

Was bedeutet die „3"?

Klar, er starb am 3.3.!

Es wird Dirk, also mein Name durchgegeben.

Es gab einen Hinweis auf die Briefe, die von allen Trauergästen geschrieben und später in den Sarg gelegt wurden.

Auch dass Marcel Schuld wegnehmen möchte, ist eine wichtige Aussage. Marcel hatte zum Schluss seines Lebens Pläne, die hier so wiedergegeben werden, wie er sie gehabt haben mag, als er sein Leben geordnet hatte.

Die Beziehung zu Rebekka wurde sehr schön und wohl auch zutreffend beschrieben.

Da mich die Schilderungen von der Sitzung bei Herrn Brodesser denn doch beeindruckten, war ich selbst bereit und gespannt, mit Ully am 12. März 2008 zu Herrn Paul Jacobs, einem englischen Medium nach Hannover zu fahren.

Nachdem Paul meditiert hatte, um sich auf uns und die geistige Welt zu konzentrieren, sagte er, *dass der Mann, der aus der geistigen Welt jetzt hier sei, ihm zeige, dass an der Stelle, an der er verstorben sei, etwas nieder gelegt worden sei, etwas anderes als Blumen, ein Kreuz. Es sei ein selbst angefertigtes Kreuz. Er fände es schön.*

Nun fragte er mich, ob ich es angefertigt hätte. Ich verneinte. *Daraufhin äußerte er den Wunsch, dass ich mich bei demjenigen bedanken möge, der das Kreuz angefertigt habe.*

Paul drehte sich dann um und zeigte hinter sich an die Wand und sagte, es *gäbe ganz viele Bilder an der Wand aus verschiedenen Lebensabschnitten.*

An dieser Stelle teilten wir Paul mit, dass dies so sei und dass es sich um unseren Sohn handelt.

Paul fragte dann, ob ich ein Buch schreibe, was ich bestätigte. Unser Sohn fände dies ganz toll und meint, *das Schreiben des Buches würde mir bei der Verarbeitung seines Todes helfen.*

Er kam dann auf seine Oma, die Mutter von Ully, zu sprechen. Es ginge ihr eher schlecht; sie würde mehr vergangenheits- als zukunftsorientiert leben. Er mache sich Sorgen um sie.

Marcel kam dann über Paul auf die oft belastende Beziehung zu seiner Mutter zu sprechen und dass sie – Ully – gern mal meinen und seinen Kopf genommen und zusammengehauen hätte, um uns – wie sie meinte – wachzurütteln. Aber er habe sie immer geliebt; er habe dies aber nicht so zeigen können.

Er habe sich oft eingeengt, in seinen Körper eingezwängt gefühlt.

Paul fragte, ob Marcel sich manchmal nach dem Jenseits gesehnt habe. Tatsache ist, dass er im Alter von 6 Jahren folgende Aussage getroffen hat: „Ich habe das Gefühl, von ganz woanders her zu kommen, ganz weit weg, und habe manchmal solche Sehnsucht dorthin zurück." Ferner fühlte er sich aufgrund der Fototherapie in seinem späteren Leben meist mehr oder weniger eingeengt. Das Trauma war ja, auf engstem Raum wehrlos und verlassen liegen zu müssen.

Paul erwähnte nun, dass *Marcel sehr rasch in die geistige Welt gefunden hätte und er sich dort endlich ungezwungen und frei fühle. Er interessiere sich dort für unterschiedliche Völker und Kulturen. Es sei ihm möglich, überall gleichzeitig zu sein.*

Ully würde manchmal ein Kleidungsstück von Marcel unter ihre Nase halten. Dies stimmt; es handelt sich um einen Schal.

Wir hätten noch Schulbücher und Schulhefte von ihm aus früheren Zeiten. Wir sollten uns davon trennen und ein kleines Feuerchen machen. Paul lacht dabei.

Ich frage dann, mit wem Marcel im Jenseits zusammen sei. *Paul erwähnt ein kleines Mädchen, von dem Marcel im Jenseits auch empfangen worden sei und einen Mann, der etwas mit Fischen, Angeln und Segeln zu tun hätte.*

Wir erfuhren später, dass sich mein Neffe Markus zum Ende seines Lebens in der diesseitigen Welt mit genau diesen Dingen beschäftigte. Markus war etwa 1 ¼ Jahre vor Marcel im Alter von 34 Jahren eines Morgens tot in seinem Bett aufgefunden worden.

In Hinblick auf das kleine Mädchen ist zu erwähnen, dass Ully eine um 1 Jahr ältere Schwester hatte, die im Alter von 10 Monaten verstarb. Sie hat ihre Schwester also in diesem Leben nicht persönlich kennen gelernt.
In diesem Zusammenhang erscheint mir auch faszinierend, dass eine Schülerin von Ully, die offenbar über unausgebildete mediale Fähigkeiten verfügt, ihr berichtete, am Vortag des Wechsels Marcels von dieser in die andere Welt, von einem kleinen blond gelockten Mädchen in ihre Richtung geschubst worden zu sein mit der Aufforderung: „Los, nun sag es ihr!" Sie wusste aber nicht, was sie sagen sollte.

Bei der Sitzung bei Paul Jacobs kommen sehr klare Wahrheiten zum Ausdruck, die so niemand wissen kann:
ein selbst angefertigtes Kreuz,
viele Bilder an der Wand aus verschiedenen Lebensabschnitten,
dass ich ein Buch schreibe,
die Art und Weise der Beziehung zwischen Ully und Marcel,
das Riechen an einem Kleidungsstück,
das Aufbewahren der Schulhefte.

Am 12.09.2008 waren Ully und ich bei Frau Marita Lautenschläger, die in der Nähe von Bielefeld lebt und arbeitet.
Frau Lautenschläger fragt nach unserem Kontaktwunsch zur geistigen Welt. Dies verwunderte uns zunächst, weil wir bisher die Aussage von Medien kannten, dass komme wer wolle. Frau Lautenschläger aber meinte auf unseren Einwand, wenn sie sich nicht speziell an eine Person wende, kämen wahrscheinlich viele und dies würde eine gezielte Kommunikation behindern.
Nun gut, meine Erwartungen waren gering und wir sagten ihr, unser

Wunsch sei, mit unserem vor etwa 1 ½ Jahren verstorbenen Sohn zu kommunizieren.

Frau L. beschrieb bald darauf Marcel einigermaßen zutreffend: Wir konnten ihn als unseren verstorbenen Sohn identifizieren. Sie fragte ihn dann zum Zwecke der weiteren Identifizierung, ob er sich erinnern könne, wie er gestorben sei.

Marcel antwortete, *dass der Tod unverhofft und plötzlich eingetreten sei. Alles sei innerhalb nur weniger Sekunden geschehen. Er sei auf seinen Tod nicht vorbereitet gewesen.*

„Handelte es sich um einen Verkehrsunfall" fragte sie uns.

Wir bejahten diese Frage.

„*Vor allen Dingen ist es an einer Stelle geschehen, wo eigentlich kein Unfall passieren kann. Die Strecke war gut zu fahren.*"

Auch diese Aussage konnten wir bejahen.

„*Er sieht etwas Dunkles vor dem Auto. Der Fahrer verreißt das Steuer.*"

Dies verneinen wir. Der Fahrer habe sich gebückt, um auf dem Boden des PKW etwas zu suchen.

„*Aber er lässt immer wieder betonen, dass da etwas vor dem Auto war, etwas Dunkles. Der Fahrer habe sich sicher gebückt, aber dies sei nicht die Ursache des Unfalls gewesen.*

Er sei in erster Linie am Kopf getroffen worden, das war ziemlich schlimm!"

Dies bestätigten wir.

„*Er hatte keinerlei Schmerzen, habe aber wie ein Zombie ausgesehen.*"

Wir sagten, dass uns abgeraten worden sei, sein Gesicht noch einmal zu sehen.

Wir sollten froh sein, sein Gesicht nicht gesehen zu haben, ließ Marcel durch Frau L. nun übermitteln. „*Wenn er überlebt hätte, wäre es für ihn und für uns schrecklich gewesen. Er wäre nie mehr der Alte geworden.*

Den Tod hat er überhaupt nicht gespürt. Aber er hat seinen Tod zunächst nicht begriffen. Vielmehr hat er sich nach dem Unfall gewundert, dass er so schnell zu Hause war, wo er doch noch gerade am Unfallort war, das Autowrack und Blut gesehen hat. Das konnte er sich nicht erklären."

Ich sagte darauf hin: „10 Minuten nach seinem Tod habe ich in seinem Zimmer am Schreibtisch gesessen …" –
„Da war ich dabei! Aber ich war nicht allein. Da war ein Typ, der mich immer verfolgte. Er war lästig. Heute weiß ich, es ist mein Geistführer."
Ich berichtete nun von der 2. Stimme, die sagte, ich müsse mir keine Sorgen mehr um Marcel machen. Sofort kam die Antwort:
„Das war nicht ich! Das war mein Geistführer, der dir das gesagt hat.
Dann bin ich in die Küche gegangen, habe Ully auf die Schulter getippt, aber sie hat nicht reagiert."
Diese Aussage, die Frau L. an dieser Stelle von Marcel durchgibt, beinhaltet für mich eine große Beweiskraft hinsichtlich der Authentizität des Daseins seiner Energie zu diesem Zeitpunkt. Niemand kann wissen oder vermuten, dass ich, nachdem ich diese 2. Stimme vernommen hatte, zu Ully in die Küche ging, um ihr von dieser Stimme zu berichten.

Marcel fährt nun fort: *„Ich habe das alles nicht verstehen können, bis der Typ neben mir sagte:*
‚Die können dich nicht hören und sehen. Begreife, dass du tot bist!'
Diese Erkenntnis war schrecklich, und ich habe 3 Tage lang geschrien, weil mir nun bewusst wurde, mich nicht mehr verabschieden zu können. Der Tod war nicht schlimm, aber das Geschehene zu begreifen, war furchtbar."
Es tue ihm Leid, fuhr Frau L. fort, dass er sich nicht verabschieden konnte. Und er sei froh, dass wir heute miteinander reden könnten. Er habe uns immer geliebt, auch wenn zwischen ihm und seiner Mutter häufig Spannungen geherrscht hätten. Dirk habe sich eher heraus gehalten. Er sei manchmal schwierig gewesen, hätte sich auch teilweise mit falschen Freunden umgeben.
Wir hätten als seine Eltern stets Verständnis gehabt und viel mit ihm diskutiert, ihn verwöhnt und wenig Grenzen gesetzt. Er bereue heute vieles und müsse jetzt alles noch einmal durchstehen, wobei er viel dazu lerne.
Er habe viel ausprobieren wollen und sich stets für die Hintergründe interessiert."
Nach einer kurzen Pause sagte Frau L.: „Aber er ist sehr sensibel!" –
„Hat sich der Tod angekündigt? War er vorherbestimmt?", fragten wir.

„Angekündigt für ihn nicht. Er hat nie damit gerechnet, aber er hatte nur noch eine ‚Restzeit‘ gehabt. Er wäre auf jeden Fall in nächster Zeit gestorben, wenn nicht an jenem Tag. Aber das hatte er vorher nicht gewusst."
Auf unsere Nachfrage erläuterte Frau L. „Restzeit", als die Zeit, die in diesem Leben begrenzt zur Verfügung steht, weil man das vergangene Leben durch Gewalteinwirkung, wie Mord oder Selbstmord oder auch ungesunde zum Tode führende Lebensweise nicht zum vorgesehenen Ende bringen konnte.

Wir wiesen dann darauf hin, dass Marcel sich wenige Wochen vor seinem Übergang in die geistige Welt mit seinem Opa sehr intensiv über das Leben nach dem Tod unterhalten habe und wir dieses außergewöhnliche Verhalten auch als bewusste oder nicht bewusste Vorbereitung auf den eigenen Tod interpretierten.
Marcel sagte durch Frau L. noch einmal, dass er sich eben für Hintergründe interessiert habe. (Also hier lag möglicherweise sein Interesse vor zu erfahren, wie es seinem sehr, sehr kranken Opa geht und wie dieser mit dieser Grenzsituation klarkommt.)
Er selbst – Marcel – habe sein Verhalten aber nicht auf seine eigene Zukunft bezogen.
Jetzt gehe es ihm gut, teilte Frau L. mit. Er habe manchmal noch Schwierigkeiten, auf andere zuzugehen. Er wohne nun in einem großen Haus, jeder habe dort seinen eigenen Raum.
„Ist er mit uns bekannten Menschen zusammen?", fragten wir.
„Nur ab und zu. Das ist eine andere Generation. Er ist mit Gleichaltrigen zusammen. Seinen Opa hat er abgeholt."
Wir fragen nach Anna K.
„Nein, die ist ganz woanders. Sie ist mir nie begegnet. Und gleich nach dem Unfall, bin ich ja nach Hause."
Wir fragten, wie er unsere Beziehung zu Rebekka sieht.
„Das ist so o. k. Sie denkt jetzt nicht mehr so oft an mich und das ist auch richtig so. Auch ihr gegenüber habe ich mich nicht immer gut verhalten. Ich war einengend, war in der Beziehung manchmal egoistisch. Das war aber auch ihr Fehler.

Sie hat es mit sich machen lassen. Sie soll sich nun einen netten Kerl suchen, der besser zu ihr ist. Sie soll sich nicht mehr einengen lassen. Sie soll aufpassen, dass er sie wertschätzt und ihr Freiheit lässt. Bestellt ihr viele Grüße!"

Frau L. verdeutlichte nun, dass eine sehr starke Energie von Marcel ausgehe, dass es ungewöhnlich sei, dass die Energie eines Geistwesens so lange präsent sei. *Aber er freue sich eben, mit uns endlich kommunizieren zu können. Er hätte sich vorher nicht denken können, dass es so etwas gibt. Wir sollten uns lieb haben, nicht streiten und froh sein, nicht allein zu sein. Viele Eltern seiner neuen Freunde wären allein.*

Frau L. beendete die Sitzung mit dem Hinweis, sie müsse sich nun ausruhen, da ihre Energie erschöpft sei.

Ich war zunächst sehr beeindruckt, möglicherweise direkt Kontakt zu meinem Sohn gehabt zu haben, obwohl bei mir immer ein Rest des Zweifels bleibt.

Aber nach allem, was ich bisher erlebt und hier aufgeschrieben habe und noch schreiben werde, lege ich den Schluss nahe, dass eine jenseitige, geistige Welt existiert und dass Marcel dort gut aufgehoben ist. Warum bin ich dann nicht glücklich, zufrieden und unbeschwert?

Natürlich hängt mir das Trauma der unmittelbaren Übermittlung der Nachricht vom Tod meines Sohnes nach. Und der Verlust bleibt.

Ich kann die Begegnungen zu meinem Sohn wie in der Vergangenheit natürlich nicht herstellen. Ich kann ihn weder sehen, hören noch anfassen, wohl manchmal spüren und empfinden, wenn ich mir dies denn nicht einbilde.

Ich empfehle jedem Menschen, der etwas Vergleichbares erlebt, eine psychotherapeutische Behandlung, allein um dieses Trauma zu bearbeiten, aber auch um einen kompetenten Gesprächspartner zu haben, mit dem die hier beschriebenen Erlebnisse und Erkenntnisse reflektiert werden können.

Ich hatte hier Glück, dass meine Therapeutin sich auf meine Erlebens- und Erfahrungswelt einstellen konnte.

Gott ist das Zentrum, das Licht, die Liebe und die Urenergie, von der AL-LES ausgeht. Gott findet sich in jedem von uns wieder. Zu Gott, zu dem Zentrum von ALLEM, gehen wir zurück. Gott ist das Bewusstsein und die Information, die allem innewohnt. Gott ist die Voraussetzung, dass der Mond schon existierte, bevor wir Menschen ihn betrachteten und benannten. Und Gott gibt die Information, wie denn Materie zusammengesetzt ist, um dieses oder jenes darzustellen, also einen Mensch, einen Hund, ein Eichhörnchen, eine Ameise, einen Tisch, einen Stein, ein Sandkorn oder was auch immer. **Alles besteht aus den gleichen Elementarteilchen, aber die Information und das Bewusstsein Gottes bewirken den Unterschied.**

Für Ully war das Forum „Leben ohne Dich", www.LoD.de. sehr bedeutsam, um ihren Schmerz und ihre Trauer über den Wechsel von Marcel aus der diesseitigen physischen Welt in die jenseitige geistige Welt in ihr Leben integrieren zu können. Letztlich hat sie genau so wie ich gelernt, Marcel loszulassen, seinen Tod als unabwendbares Ende seines irdischen Lebens genau zu diesem Zeitpunkt anzunehmen. Ferner sind wir heute sicher, dass es ihm in der geistigen Welt gut geht und dass sein Tod für uns Eltern die Aufgabe beinhaltet, über die Vorkommnisse in der Zeit um seinen Unfall herum und danach zu sprechen und an diesem Schicksal zu reifen. Es ist unsere Aufgabe, das Geschehene auf unsere unterschiedliche Art und Weise zu vermitteln.

Zu dem Forum „Leben ohne Dich" findet zunächst jedermann Zugang. Es ist gedacht für Eltern und Geschwister Verstorbener. Innerhalb dieser Seite kann man sich dann anmelden zu einem geschützten Forum. Hier findet nur derjenige Zugang, der sich mit seinem Namen, seiner Adresse und dem Todeszeitpunkt des Kindes bzw. des Bruders oder der Schwester anmeldet.
So können Eltern bzw. Geschwister sich austauschen mit allen aufkommenden Empfindungen, Verzweiflungen und Hoffnungen. Und immer haben sie einen Zuhörer.
Ully erhielt stets, wenn sie etwas schrieb, eine Antwort. Jemand, meist

mehrere Menschen entgegneten aus ihren Erfahrungen und Erlebnissen und es entstand so ein Austausch über die momentane Befindlichkeit, die gegenwärtigen Gefühle und Gedanken.

Ganz wichtig aber ist, dass Ully und ich uns als Ehepartner und gemeinsame Eltern unseres Kindes auf eine gemeinsame Sicht und Philosophie eingelassen haben und uns auch stets darüber austauschen können.

Nun will ich den Wahrheitsgehalt der Aussagen von oder durch Frau Lautenschläger prüfen. „Von" meint, die Aussagen sind von Frau L. „Durch" meint, die Aussagen sind von Marcel, aber nur Frau L. kann sie verstehen, übersetzen und uns übermitteln.
Denn ich möchte jedem, der ein Schicksal wie ich hatte, empfehlen, Medien aufzusuchen. Deswegen schreibe ich über diese Kontakte und untersuche den Wahrheitsgehalt.

Der Tod sei innerhalb von Sekunden geschehen. Das ist zwar häufig so bei jungen Leuten aber nicht zwangsläufig. Auch viele Unfallopfer überleben den Unfall um Tage, Wochen oder Monate, werden mehrfach operiert, quälen sich auf der Grenze zwischen Diesseits und Jenseits.
Genau wie bei Herrn Brodesser scheinen auch in den Aussagen der Frau Lautenschläger Zweifel an der wirklichen Aufklärung des Unfallgeschehens anzuklingen. Der Fahrer habe sich gebückt, aber dies sei nicht die Ursache des Unfalls gewesen, ließ sie uns wissen.

Marcel beschreibt seine Todesursache korrekt.
Und dann fallen die Phänomene zusammen:
Marcel kommt nach dem Unfall nach Hause, sieht mich in seinem Zimmer sitzen, erlebt wie sein Geistführer mit mir spricht und geht in die Küche, wo tatsächlich seine Mutter sich zu diesem Zeitpunkt aufhält.
Wir erinnern uns, weil ich unmittelbar nach dem Vernehmen der Stimme: „Du brauchst dir keine Sorgen mehr um dieses Kind zu machen!" zu Ully in die Küche ging, um ihr von dieser Stimme in meinem Kopf zu berichten.

15. Kongress „Medien und Geistheiler aus GB"

Vom 31.10. – 02.11.08 hielten Ully und ich uns in Vlotho auf, um die Arbeitsweise von Medien und Geistheilern aus Großbritannien kennen zu lernen.
Neben Doris Forster aus Deutschland nahmen ausschließlich britische Medien an diesem dreitägigen Kongress teil. Die Aussagen der Medien wurden im Plenum der Teilnehmer allesamt und bei Einzelsitzungen auf Wunsch ins Deutsche übersetzt.

Ein wesentlicher Inhalt des Kongresses war es, Durchsagen aus der geistigen Welt über die britischen Medien an einen der etwa 150 Kongressteilnehmer durchzugeben. Dabei wurde der Durchsageempfänger natürlich von dem Wesen aus der geistigen Welt bestimmt.
Bis auf eine Ausnahme stimmten die Durchsagen völlig mit der jeweiligen Wahrnehmung und Erinnerung des angesprochenen Teilnehmers überein. Dabei enthielten die Durchsagen solche Details wie Namen, Alter, Krankheiten, Lebenssituationen und Erlebnisse des „Verstorbenen". Die geistigen Energien aus der jenseitigen Welt schilderten manchmal auch Einzelheiten aus dem Leben des angesprochenen Kongressteilnehmers zutreffend.

Ully und ich sind leider nicht angesprochen worden. Die Durchsagen kamen aber auch von Seelen, die sich schon längere Zeit in der geistigen Welt befinden. Der zuletzt „Verstorbene" war der 20-jährige Sohn eines Ehepaares, der vor etwa 4 Jahren bei einem Autounfall in die geistige Welt gegangen war. Die Person des Sohnes und das Geschehen des Unfalls beschrieb das Medium völlig zutreffend. Und: Der Sohn gab durch, dass sein Vater nun auch bei ihm sei. Das verwunderte die Anwesenden, weil ja die beiden anwesenden „Eltern" angesprochen worden waren.
Aber es stimmte: Es handelte sich um den inzwischen verstorbenen leiblichen Vater, mit dem der Sohn in der diesseitigen Welt viel Probleme gehabt hätte. Nun aber würden sie sich gut verstehen.

Ferner gab es Tieftrance-Sitzungen, in denen jemand aus der geistigen Welt über das Tieftrance-Medium Durchsagen zu unserer Wirklichkeit gibt:
Hier wurde u. a. erwähnt,
dass sich jeder von uns im Jenseits bereits ausgesucht hat, was er bei der nächsten Inkarnation erleben möchte, um daran reifen zu können,
dass ein Teil unseres Geistes ständig im Jenseits bleibt, dass die geistige Welt immer um uns ist; die Medien können aber im Gegensatz zu anderen Menschen die „Wellen" aus der geistigen Welt empfangen,
dass Zeit eine Illusion ist; Vergangenheit, Gegenwart und Zukunft existieren in der geistigen Welt nicht; dennoch werden wir niemals eine Aussagen zu unserem Morgen aus der geistigen Welt empfangen, denn das würde unser Heute stören und damit unseren selbst gewählten Lernprozess,
dass wir alle Teile des einen großen Geistes sind,
dass jeder, der in der physischen Welt „stirbt", in die geistige Welt geht,
dass sich in der Minute des Todes die Vibration der Lebensenergie verändert und jeder von seinem Geistführer oder seiner Familie empfangen wird; es gibt keine verlorenen Seelen,
dass die Kommunikation zwischen der geistigen und der physischen Welt von der geistigen Welt ausgeht und dass diese auch wünscht, dass wir die Kommunikation annehmen,
dass in der geistigen Welt Mütter und Kinder wieder vereint werden unabhängig vom „Todeszeitpunkt".

Wenn wir die Zeitschiene betrachten, deren Nicht-Existenz ja auch von der Quantenphysik betont wird, treten doch erhebliche Widersprüche auf, die wir aufgrund unserer physischen Begrenzung und der herausragenden Bedeutung, die „Zeit" für uns hat, wohl nicht ermessen können.
Der 20-jährige Sohn des Ehepaars teilte mit, **früher** habe er sich mit seinem leiblichen Vater nicht verstanden, aber **jetzt**.
Das Tieftrance-Medium erhält die Botschaft aus der geistigen Welt, Zeit sei eine Illusion.
Beides lässt sich mit unserem Verstand nicht vereinbaren.

Höhepunkt des Kongresses war für mich eine Einzelsitzung, die ich bei Patricia Thomas aus Wales hatte:

P.T.: „Du bist von zwei Männer hier herein begleitet worden. Es sind ältere Männer, dein Vater und dein Großvater, der Vater deines Vaters."

Ich: „Ich kenne meinen Großvater nicht."

P.T.: „Das macht nichts. Dein Großvater sagt, er sei oft bei dir und es gefalle ihm, was du machst. Er bewundert, wie du mit deinem Schicksal umgehst." – „Bist du krank?" fragt Patricia aus sich selbst heraus. – Ich: „Nein."

P.T.: „Es tritt ein junger Mann in den Vordergrund. Es ist ein gut aussehender Mann, gut angezogen, blondes Haar, auf das er stets geachtet hat. Er hat viel Zeit auf seine Frisur verwendet. Er ist plötzlich gestorben!?" – Ich: „Ja."

Und nun kommt eine wirklich überraschende Aussage von Patricia Thomas, weil das, was sie nun sagt, niemand auch nur ahnen kann, der das Unfallgeschehen an jenem 3. März 2007 nicht kennt:

„Er bedauert, kein Taxi genommen zu haben und bei diesem schlechten Fahrer eingestiegen zu sein."

Ich: „Ich denke die Zeit deines Todeszeitpunktes war festgelegt."

P.T. (oder besser Marcel): *„Ja, aber ich ärgere mich trotzdem! Ich bin jetzt bei meiner Trauerfeier. Es waren viele Leute da und dennoch war es sehr persönlich und feierlich und intim.* (Es wurde seine Musik gespielt. Jeder brachte eine Kerze und einen Brief an Marcel nach vorn. Es gab nur geladene Gäste.) *Meine Freunde waren auch da.* (Stimmt: die 6 engsten Freunde gehörten zu den 50 geladenen Gästen.)

Ich bin oft bei meinen Freunden. Es interessiert mich, wie sie sich weiter entwickeln. Mein bester Freund kommt mit meinem Tod nicht klar. Er ist gelegentlich bei euch?" Ich: „Ja."

P.T. / Marcel: *Wenn du meditierst, haben wir manchmal direkten Kontakt und du fragst dich, ob du dir das einbildest. Aber es ist real. Höre auf, dich das zu fragen."* (Dies trifft den Kern meines Dilemmas. Ich meditiere und manchmal nehme ich Marcel wahr und sage mir, das bilde ich mir ein. Wer außer mir kann dieses intime Geschehen auch nur erahnen? Ich habe bis zu diesem Zeitpunkt lediglich mit Ully und meiner Therapeutin darüber gesprochen.)

Ich: „Wenn ich meditiere und versuche, Verbindung zu dir aufzunehmen, frage ich mich, ob ich dich störe, bedränge, ob du dann Schwierigkeiten hast, in der geistigen Welt klar zu kommen."

P.T. / Marcel: „Nein, ich möchte den Kontakt zu euch. Obwohl ich rasch in der geistigen Welt war und ich mich hier wohl fühle, habe ich gern Kontakt zu euch. Ich bin oft in meinem Zimmer, überhaupt bin ich oft in der Wohnung, denn ich liebe euch und interessiere mich dafür, was ihr macht. Wenn du demnächst in meinem Zimmer meditierst, achte auf den Vorhang, er wird sich bewegen. Bei meiner Mutter versuche ich mich bemerkbar zu machen, wenn sie ihre Haare zurecht macht. Ich kitzle sie im Nacken. Sie soll darauf achten."

P.T.: „Da ist ein Kind. Hat er Geschwister?"

Ich: „Nein." (Wir hatten diese Fragestellung aber schon bei Herrn Brodesser)

P.T.: „Ist irgend ein Kind in der Familie?"

Ich: „Nein."

P.T.: „Da sind lebendige Träume. Sie betreffen seine Freundin oder seine Mutter."

Ich: „Eher seine Freundin."

P.T.: „Er versucht, sich in Träumen ihr zu nähern. Aber nun soll sie einen neuen Lebensabschnitt beginnen!" (Gleiche Aussage wie bei Frau Lautenschläger.)

P.T. / Marcel: „Meine Mutter soll auch meditieren; dann bekäme ich einen direkten Zugang zu ihr. Sie meditiert nicht wie du."

Ich: „Nein. Sie sagt, das könne sie nicht."

P.T. / Marcel: „Meine Mutter ist eine lebendige Frau, die immer beschäftigt ist und Schwierigkeiten hat, zur Ruhe zu kommen. Umarme meine Mutter und meine Freundin von mir."

P.T." Dein Großvater und dein Vater sagen, sie hätten deinen Sohn in der geistigen Welt empfangen. – Hast du mehrere Jobs in deinem Leben ausprobiert?"

Ich: „Ja!"

P.T.: „Dein Großvater sagt jetzt, du sollst dein Leben genießen. Du hast mehrere Jobs ausprobiert, was du jetzt tust, ist aber richtig."

16. Meditation

Am 3. November 2008, wenige Tage nach dem Kongress in Vlotho meditierte ich in Marcels Zimmer. Bevor ich mich auf die Reise nach Innen begab, schaute ich auf die Vorhänge am Ostfenster. Der rechte Vorhang bewegte sich.
Nach Vollendung meiner Reise nach Innen, bei der alles Äußere und der innere Dialog ausgeblendet wurden, bekam ich Zugang zu Marcel:
„Wenn alles gleichzeitig stattfindet", fragte ich, „warum interessiert dich, was deine Freunde machen; es steht ja dann schon fest?" –
„Das versteht man in einem Körper nicht", antwortete er. *„Es gibt dennoch Wahlmöglichkeiten."* –
„Wenn alles gleichzeitig ist, gibt es dann für dich keine Begrenzungen und auch keine Entwicklungsmöglichkeiten?" –
„Ich bin wie ein Gefäß, in dem nicht alles drin ist. Entwicklung ist, das Gefäß zu füllen. Mir ist vieles nicht zugänglich."

Etwa 1 ½ Jahre nach dem Tod von Marcel war ich in der Lage, mich zu entspannen und die in früheren Jahrzehnten erworbene Möglichkeit der Meditation zu vertiefen und allmählich auf die jenseitige Welt zu beziehen.
„Meditation und Kommunikation", eben das Themenzentrierte Bearbeiten von Problemen allgemeiner oder persönlicher Art und das Reflektieren und Entwickeln der eigenen Persönlichkeit auf der Grundlage von Meditationserlebnissen war ein wesentlicher Inhalt meiner Berufsbegleitenden Ausbildung beim Ruth Cohn Institut.
Michael Frickel war ein herausragender Meditationslehrer und Kommunikator, der auf der Grundlage der Zen-Meditation arbeitete.
Nach Abschluss meiner berufsbegleitenden Ausbildung – ich war 35 Jahre

alt – holte auch mich der allgemeine Wahn unserer Gesellschaft ein, und ich profilierte mich beruflich. Dabei verlor ich meine seelische Entwicklung zunehmend aus den Augen. Mir war aber stets bewusst, dass dies so ist und dass ich diesen Zustand eines Tages wieder verändern möchte.

So fand ich letztlich über eine freiberufliche Tätigkeit wieder mehr zu den Anliegen meiner Seele zurück. Allerdings blieb meine Zeit, mich mit dem Sinn meiner Existenz und anderen philosophischen Themen zu beschäftigen, auch weiterhin sehr begrenzt, was ich ja gerade nicht beabsichtigt hatte. Die Ereignisse lassen sich eben nicht so leicht zurückdrehen wie ich mir vorgestellt hatte. Meine neue freiberufliche Tätigkeit forderte mich zunehmend quantitativ.

Auf dem Hintergrund einer strittigen Steuergesetzgebung und ihrer betrügerischen Auslegung (vom Bundesverfassungsgericht inzwischen z. T. bemängelt), deren Beschreibung hier nicht her gehört, musste ich immer mehr Geld verdienen und natürlich auch arbeiten.

Nur so war es möglich, meine Abgaben wenigstens geringfügig unter die Grenze von 80 % meines Einkommens zu drücken.

Der Tod meines Sohnes zwang mich zu einer Lösung dieses Konflikts. Denn immer mehr Arbeit zur Existenzsicherung nahm mir die Zeit zur Besinnung.

Nur wenn ich den Kontakt zu Marcel aufrechterhalten und die Frage nach dem Sinn seines Todes für seine und für meine Existenz klären konnte, blieb mein Leben sinnvoll. Dazu waren aber zeitaufwendige Literaturbeschäftigung und das Schreiben dieses Buches erforderlich. Auch Meditation kann zeitaufwendig sein. Meditation diente mir als Mittel zur Beruhigung und Zentrierung auf meine täglichen Aufgaben aber auch als Brücke zu Marcel.

In der Meditation konnte ich Marcel manchmal spüren. Und ich entwickelte die mir bekannte Technik weiter. Grundlage dieser Weiterentwicklung waren zunächst die Ausführungen von Frau Beate Bunzel-Dürlich in ihrem

Buch „Medialiät und Hellsichtigkeit, Das Lehrbuch, Subtile Wahrnehmungs-potentiale erkennen und trainieren". Später sollte ich dann einen Hinweis aus der geistigen Welt zu meiner Meditationstechnik erhalten.

Sehr beeindruckend finde ich Frau Bunzel-Dürlichs sprachliche Zerlegung der Worte „Einfall" und „Zufall".
Ist es ein Zufall, dass mein Sohn am 3. März 2007 gegen 8.00 Uhr morgens in dieses Auto gestiegen ist, was ihn dann in den Tod gefahren hat? Oder war die Stunde seines Abschiedes aus dieser physischen Welt vorherbe-stimmt?
Ich erzählte von unserem Hund, der vorher in Marcels Bett uriniert hatte, von Marcel verändertem Verhalten seit etwa November / Dezember 2006, von der Bilanzierung seines Lebens in der Nacht vor seinem Tod und von dem vergeblichen Versuch am Morgen gegen 6.00 Uhr ein Taxi zu bekommen und natürlich von den Stimmen, die ich einige Stunden vor und wenige Minuten nach dem Unfall vernahm. Alles „Zufall"?
„Im Umgangssprachlichen steht Zufall für etwas, was unabhängig von uns ist und uns aus heiterem Himmel zufällt – ohne Absicht, ohne Sinn, eben zufällig! Stimmt das? So wird das Wort angewendet, aber das bedeutet es noch lange nicht! Was steckt den wortwörtlich hinter einem Zufall?
Es fällt uns etwas zu. Wo fällt es denn her? Warum gerade zu uns? Warum verfehlt es uns nicht? Es ist also ein Bezug da zum Fallen, es fällt zu uns, unseren Freunden, unseren Eltern, Geschwistern ... wem auch immer, es ist jedenfalls eine gerichtete Absicht dahinter.
Also gibt es eine gerichtete Kraft, die nach dem Gesetz der Resonanz Dinge geschehen lässt, die wir bestellt haben." (38)

„Einfall" wird dementsprechend wie folgt interpretiert: „Wo kommt es her? Wo fällt es hin? Es fällt ein: in uns. Etwas außerhalb von uns, aus dem Kosmos, aus dem Wissenden Feld. Da Kreativität sehr viel mit Medialität zu tun hat, wartet ein kreativer Mensch also auf den Einfall, darauf, dass ihn etwas jenseits von seinen Gedanken erreicht, um es mit seiner Art und Weise dann umzusetzen." (39)

Was ist das Gesetz der Resonanz, das im Zusammenhang mit dem „Zufall" genannt wurde: „Das Gesetz der Resonanz besagt, dass Gleiches Gleiches anzieht. … Unsere Umwelt und Umgebung geht mit uns in Resonanz. Damit ziehen wir genau die Menschen an, die mit unseren Lebensthemen zu tun haben, ziehen die Situationen an, die wir gerade bereit sind zu be- und verarbeiten. Und wir ziehen immer die Geschenke des Kosmos an, die wir entsprechend unseres Entwicklungsstandes annehmen und verwenden können." (40)

Marcel hat seine Lebensthemen durchgearbeitet; es waren in dieser 21-jährigen Inkarnation nicht so viele und wir, die wir durch seinen plötzlichen Tod geschockt oder traumatisiert sind, sind bereit, gerade dieses Thema zu bearbeiten.
Aber geht es allen so, die ein ähnliches Thema zu bearbeiten haben? Dieses Thema ist auch ihnen zugefallen, weil sie bereit sind, es zu bearbeiten! Aber erinnern sie sich an diese Bereitschaft? Wenn nicht, überdeckt das Welt-Bewusstsein, also das 2. Bewusstsein das 1. Bewusstsein, das der Seele. Man hat sich von der eigenen Seele entfremdet.
Also nehmen wir doch unser Schicksal, oder wie manche Medien formulieren, unseren „vorgeburtlichen Lebensplan" an. Wir haben ihn gewollt, um unsere Ziele zu erreichen.

Und nun zur sog. Akhesy-Technik, die ich in meine Art der Meditation teilweise integriert habe:
Die Akhesy-Technik lehrt als 1. Schritt aufrecht zu sitzen, in entspannter Haltung, offen und empfangend.
Ich sitze also aufrecht und entspanne mich bei gleichzeitiger absoluter Wachheit. Die Hände liegen locker auf den Oberschenkeln.
Der 2. Schritt ist das „Erden": ich stelle mir vor, mich über das Wurzelchakra mit der Erde zu verankern. Oder ich lasse ein tiefes Rot von unten über meine Füße und mein Gesäß in den Körper einströmen.
Im 3. Schritt konzentriere ich mich ganz auf die Zwerchfell-Atmung und spüre meine eigene Mitte. Konzentriertes, bewusstes Ein- und Ausatmen stehen im Mittelpunkt dieses Schrittes.

Im 4. Schritt visualisiere ich ein inneres Rohr entlang meiner Wirbelsäule. Im 5. Schritt zentriere ich mein Ich-Bewusstsein im Bauch. Ich visualisiere mich selbst in meinem Bauch. Die große Person, die ich in Relation dazu bin, gibt mit Schutz. In der Tat erlebe ich mich nun als großes Gefäß meiner selbst.

Im 6. Schritt öffne ich mein Kronenchakra, den höchsten Punkt meines Körpers, dessen imaginäre Öffnung nach meiner Wahrnehmung eine Verbindung der geistigen Welt zu mir ermöglichen kann.

7. Schritt: „Affirmation: ‚Ich bin wahr, klar und ehrlich‘. Lass (diesen Satz laut gesagt) innerlich wirklich in dir klingen. Sage ihn dir sehr eindringlich wie eine Art Autosuggestion." Unter „Wahr sein" versteht die Autorin Authentizität. Es ist die innere Ehrlichkeit nur das zu tun, was für mich stimmt. „Klarheit trennt, Klarheit schneidet, aber Klarheit kann auch verletzen. ... Klarheit ist ein Werkzeug ..., ein bedeutungsvoller Aspekt, der eine Botschaft zum Glänzen bringen oder sie völlig verzerren kann."

Bei Ehrlichkeit geht es um die Ehrlichkeit zu sich selbst, dass ich mir nichts vormache.

Im 8. Schritt bitte ich um eine Botschaft. „Klar und deutlich sprichst du die Bitte um eine Botschaft (der geistigen Welt) innerlich aus." Dabei lasse ich alle Bilder und Worte zu, die sich in mir bilden, ohne sie zu interpretieren.

Im 9. Schritt bedanke ich mich für die erhaltene Botschaft, um im 10. Schritt das Kronenchakra wieder zu schließen. „Zu guter Letzt geht es wieder darum, die Haltung einzunehmen, mit der wir unseren Alltag bewältigen können. Das sollten wir nicht mit geöffnetem Kronenchakra tun." (41)

Ich meditiere, indem ich mich zunächst auf meine Atmung im Zwerchfell konzentriere. Beim Einatmen hebt sich mein Bauch, beim Ausatmen senkt er sich. Störende Gedanken kommen und gehen. Sie sind Produkte meines Gehirns.

Mein Gehirn ist ausschließlich Bestandteil der physischen Welt, die ich in der Phase der Meditation für eine kurze Zeit hinter mir lassen will. Die störenden Gedanken sollen daher verschwinden.

Ich will mich nach Innen wenden oder – anders formuliert – auf mein erstes Bewusstsein konzentrieren, das ewig existiert und für eine Zeitspanne von 57 Jahren (mein heutiges Alter) oder mehr sich auch an diese physische Welt bindet.

Die Gedanken, mit denen meine Psyche (nicht meine Seele) das Alltagsgeschehen regeln und bewältigen will, kann ich nicht mit Gewalt unterdrücken. Gewalt führt niemals zum erwünschten Ergebnis. Druck erzeugt Gegendruck. Dies scheint ein Universalgesetz, anwendbar auf alle Bereiche des Daseins, zu sein.

Ich nehme meine Gedanken zu Beginn der Meditation gelassen zur Kenntnis und vertiefe sie **nicht**. Vielmehr konzentriere ich mich immer wieder auf meine Atmung. Meine Bauchdecke hebt und senkt sich ruhig und gleichmäßig.

Auch ein Mantra kann hilfreich sein, etwa „OM" beim Einatmen, „AHH" beim Ausatmen und „HUM" in der kurzen Zeitspanne zwischen Aus- und Einatmen.

Oder noch einfacher: „AUS UND EIN". „AUS" beim Ausatmen, „UND" während der kurzen Zeitspanne zwischen Aus- und Einatmen und „EIN" beim Einatmen. Ich kann beliebige andere einsilbige Laute wählen, die mir vielleicht etwas bedeuten.

Solche Laute treten nun an die Stelle der störenden Gedanken. Es tritt allmählich eine zunehmende Leere ein. In diese schließlich absolute Leere tritt dann etwas oder auch nicht – ich kann es nicht erzwingen, denn Druck erzeugt Gegendruck und die Sache ist vorbei.

Tritt aber etwas in die Leere, kann es sich bspw. um Lösungsmöglichkeiten irgendeines Problems handeln, die ich noch nicht in Betracht gezogen hatte. Diese Lösungsmöglichkeiten sind Einfälle, die nicht mein Gehirn produziert, sondern die in mich von außen einfallen.

So etwas erlebte ich gelegentlich, als Marcel sich noch in der physischen Welt befand. Heute richte ich meine Meditation auf die geistige Welt aus.

Ich kann aber auch während der Leere der Meditation die Augen öffnen und etwas betrachten: ein Bild, einen Baum, einen Menschen, die Landschaft usw.

Meine Wahrnehmungsqualität ist während der Meditation verändert, weil Gedanken mich bei der Betrachtung von inneren oder äußeren Bildern, von Gegenständen oder Menschen **nicht** begleiten.

Ich kann vor meinem „inneren Auge" auch eine Situation simulieren und – ohne Gedanken – schauen, was passiert. Schalte ich meine Gedanken bei der Simulation ein, ist der Spaß auch schon vorbei! Ich schaue dann nicht mehr was geschieht. Vielmehr lenke ich dann das Geschehen in die Richtung meiner Wünsche. Das ist sinnlos.

Es handelt sich dann nicht mehr um „Ein-Fälle", die von außen kommen. Diese Unterscheidung: 1. eine Gedanken- und Wunsch gelenkte Simulation von 2. einer von Impulsen gelenkten Simulation ist schwierig und erfordert etwas meditative Übung.

Ich gehe heute auf der Grundlage der „inneren Leere", die ich ziemlich rasch herstellen kann, die vorgestellte Akhesy-Technik vollständig oder teilweise durch. Dies kann mir neben innerer Ruhe auch Kraft von unten (Erde) und von oben (Kosmos) geben.

Nach der Öffnung des Kronenchakras warte ich ohne eigene Fragestellung oder anderes Anliegen, was kommt. Das, was dann kommt, basiert nicht auf meinen Gedanken, nicht auf einem inneren Dialog.

Es bilden sich – manchmal – ohne mein Zutun in der inneren Leere Impulse oder „Ein-Fälle", keine Gedanken und Wünsche.

In dieser inneren Leere tauchen auch Fragen und Reaktionen auf diese Fragen auf. Es handelt sich nun aber nicht um Fragen, die meinem Gehirn entspringen oder meinem inneren Dialog. Es kommt mir eher vor wie ein äußerer Dialog, wie ein Dialog, der außerhalb meines physischen Körpers stattfindet, wahrscheinlich zwischen meiner Seele und anderen nicht physischen Instanzen.

Es handelt sich wohl um einen Dialog meines 1. Bewusstseins mit der geistigen Welt. Was ist eigentlich das 1. Bewusstsein? Es ist Bestandteil des ALL-Bewusstseins, das sich mit diesem ALL-Bewusstsein, dem es entspringt, wieder vereinen wird. In der Vereinigung mit dem ALL-Bewusstsein sind alle Dinge klar, die wir jetzt nicht erkennen; wir (unsere I. Bewusstseinsformen) verfügen dann wieder über jenes „stille Wissen", von dem Don Juan sagte, es könne nicht sprechen. Die Vereinigung mit dem ALL-Bewusstsein kann in der Meditation geschehen. Das Bewusstsein „I" ist dann frei von den begrenzenden Dimensionen des Raumes und der Zeit; es erhebt sich über die Begrenzung des Körpers und verdeutlicht uns so, dass es auch außerhalb von uns steht.

Manche Menschen erleben in der Meditation eine Trennung ihrer Seele vom Körper. Bei manchen geht es so weit, dass sie auch Wahrnehmungen außerhalb des Raumes haben, in dem sich ihr Körper befindet (ähnlich wie bei Nahtoderlebenden).

Ich gebe nun einige Beispiele aus der Zeit Oktober 2008 bis Mai 2009 über meine Meditationen, die entweder einen Dialog meiner Seele mit der geistigen Welt beinhalteten oder einfach Hinweise aus der geistigen Welt:

Durchgabe von Minigolfschläger und Kricketkugeln, die ich als Spielzeuge von Marcel identifizieren kann.
Frage aus mir heraus: „Wie verlief der Unfall? War Marcels Seele wenige Minuten nach dem Unfall in diesem Raum, in dem ich jetzt sitze?" – Zur Antwort wurde es zunächst hell im Raum (nicht vergleichbar mit der Helligkeit am 03.03.07). Dann wurde der Unfall sehr schemenhaft vor mein inneres Auge geführt. Ich nahm aber im Grunde nichts wahr. Ich bekam dann starke Kopfschmerzen oberhalb meiner linken Schädelbasis. Mit dieser gesamten Meditation war ich sehr unzufrieden. Den ganzen Tag über hatte ich an der beschriebenen Stelle immer wieder für 1-2 Minuten Kopfschmerzen. Am nächsten Tag fuhr ich mit dem Zug nach Hannover. Wieder bekam ich diese starken Kopfschmerzen oberhalb der linken Schädelbasis. Die Schmerzen waren so intensiv, dass man sie auf Dauer nicht aushalten könnte. Plötzlich wurde mir deutlich, dass mir in der Meditation vom Vortag vielleicht klar gemacht werden sollte, dass

Marcel im Wesentlichen nichts wahrgenommen hat außer einem kurzen intensiven Schmerz im Kopf – vielleicht an der beschriebenen Stelle oder auch einer anderen.

Frage aus mir heraus: „Was bedeutete die makabre Mitteilung in meinem rechten Ohr am 3. März 2007: „Du brauchst dir keine Sorgen mehr um dieses Kind zu machen!" – Antwort: „Es war eine Mitteilung der Beruhigung. Du brauchtest dir keine Sorgen um Marcel zu machen, weil er einen guten Übergang in die geistige Welt haben würde. Er ist gut aufgehoben. Da er nicht mehr in deiner Welt ist und sich mit dieser nicht mehr auseinandersetzen muss, brauchst du dir keine Sorgen mehr zu machen. Wenn du diese Mitteilung sofort angenommen hättest, wärest du weniger verzweifelt über seinen Weggang gewesen."

„Du wirst in den nächsten Wochen oder Monaten keinen Zugang zu Marcel bekommen; er ist mit etwas anderem beschäftigt."

„Gott ist der Hintergrund für alles, was du weißt und was du nicht weißt, was du verstehst und was du nicht verstehst. Denke darüber nach!"

Es wandern Bilder an meinem geistigen Auge vorbei, auf denen Marcel in verschiedenen Lebenssituationen zu erkennen ist. Wie in einem Fotoalbum. Leider gibt es nicht nur Fotos, auf denen er lächelt. Es ist realistischer. Es sind auch Fotos dabei, auf denen er unglücklich scheint.

„Es gibt Lebensabschnitte. Du hast den Eindruck, an ganz bestimmten Punkten deines Lebens etwas Neues begonnen zu haben. Du erkennst geradezu eine Systematik und möchtest diese nutzen. Das geht nicht. Denn die partielle Erneuerung – der neue Lebensabschnitt – wird nicht von dir herbeigeführt. Er entsteht aus dem Seelen-Bewusstsein. Es ist gut, wenn du dich auf eine Veränderung vorbereitest; sie kann aber dann ganz anders aussehen, als du es mit deinem weltlichen Bewusstsein geplant hast. Aber immerhin bist du für eine Veränderung bereit und baust mit deinem Weltbewusstsein keinen Widerstand auf. Du lässt die Veränderung dann zu. Du spürst, dass du in deinem Leben niemals willentlich eine Veränderung deiner Lebenssituation herbeiführen konntest. Du hast es versucht. Es ist dir nicht gelungen. Die Dinge fügen sich, laufen nach einem anderen Plan zusammen. Du kannst dich darauf einlassen oder nicht. Das ist die wichtigste Erfahrung in deinem jetzigen Leben. Stelle dich auf das jeweils Gegenwärtige ein. Du spürst dein ganzes Leben, dass Planen nicht der Sinn ist und sprichst diese Weisheit manchmal aus, weil du spürst, sie ist ein wesentlicher Bestandteil deines Lebens. Lebe jeden Tag einzeln."

(Nachdem ich mehrere Wochen in der Meditation außer dem Herbeiführen innerer Ruhe nichts erlebt hatte): Frage: „Wenn ich denn schon auf dem Weg zum Bahnhof die Mitteilung bekommen habe, ich hätte unendlich Zeit, mit Marcel zu kommunizieren, wie soll das nun geschehen?" – Antwort: „Unendlichkeit dauert unendlich! Aber du benötigst nicht die Meditation, um dich ihm mitzuteilen; du kann immer zu ihm sprechen."

„Du hast seine Seele berührt und er hat deine Seele berührt, deswegen seid ihr unendlich verbunden."

Ich öffne mein Kronenchakra und ein deutliches Bild von Marcel tritt vor mein inneres Auge. Ich spüre seine Energie in meiner unmittelbaren Nähe.

Ich sehe Marcel sehr schnell vor meinem inneren Auge und er sagt (nicht in dem Sinne, dass er zu hören wäre, sondern im Sinne von Gedankenübertragung): „Vergebung ist tatsächlich von größter Wichtigkeit! Ich vergebe dir und du vergibst mir. Du vergibst meiner Mutter und sie soll dir vergeben. Und jeder soll sich selbst vergeben." (Später als ich diesen Gedanken niederschreibe, sage ich zu Marcel auf dem Bild über meinem Schreibtisch: „Dass dies deine Auffassung sein könnte, hättest du im irdischen Leben auch nicht für möglich gehalten!?" – „Dir und meiner Mutter gegenüber schon!")

Auch heute überträgt Marcel Gedanken auf mich: „Vergebung ist wichtig, um einen guten Übergang in die geistige Welt zu haben. Ich war tatsächlich zum ersten Mal in meinem Leben mit allen wichtigen Personen im Reinen."

Am 15. März 2009 erlebe ich ein für mich völlig neues Phänomen in der Meditation. Verbunden mit der Eingabe in meinem Kopf: „Kümmere dich um die Jungs, wenn sie es denn wollen und brauchen!" präsentiert sich ein großes und buntes Bild eines der Freunde. Die Kleidung erscheint in vielen Farben, und auch das Gesicht und die Hände sind bunt. Ich sehe alles in einer bis dahin nicht gekannten Präzision.

Ich versuche, mir Marcel bildlich vor meinem inneren Auge vorzustellen. Daraufhin erlebe ich ein intensiv buntes Bild vor meinem inneren Auge: Marcel präsentiert sein Traumhaus, in dem er gern mit Rebekka gelebt hätte. Es steht im Grünen, hat verschieden farbige Backsteine. In der Mitte befindet sich eine grüne Tür. Meine Frage, ob ich in dem 1. Teil meines Buches den Sinn seines Lebens richtig interpretiert hätte, teilt er mit, dass die Überwindung des von mir beschriebenen Traumas schon zentral wichtig gewesen sei. Er habe es aber nicht aus sich selbst heraus allein überwinden können, sondern nur mit Hilfe von Rebekka.

Ich betrachte in Marcels Zimmer ein abstraktes Bild, das mir gegenüber an der Wand hängt. Ich betrachte es in völliger meditativer Leere. Das Bild verändert sich ständig: Es wechselt die Farben. Die Formen nehmen unterschiedliche Konturen an. Was bedeutet dies? Realität ist tatsächlich gebunden an das, was ich dafür halte. Uns ist gelehrt worden, auf welcher der unendlich vielen Möglichkeiten von Realität wir uns verständigen. Aber sie kann sich auch anders gestalten.

IV. Teil: Der Sinn des Lebens

17. Der Sinn des Geschehens für mein Leben

In diesem Kapitel werde ich versuchen, die vergangenen Schilderungen meines Erlebens und die Darstellungen meiner Gedanken zu reflektieren und einen Bezug zum Sinn meines Lebens herzustellen.

Ich unterschied zwischen 1. und 2. Bewusstsein.

Das 2. Bewusstsein ist meine Person in diesem zeitlich begrenzten Leben auf diesem Planeten.

Was ist eine Person? Der Mensch ist Träger besonderer Eigenarten, die ihn von allen anderen Menschen unterscheiden. Sind es wirklich seine Eigenarten, seine Eigenschaften?

Schon der Begriff Person weckt Zweifel. Das Wort „Persona" (lat.) bedeutet Maske. Zeit meines Lebens war es mein Bestreben, viele Masken anzunehmen. Ich wollte nie in einem Job verharren, sondern manches ausprobieren. Ich brauchte Abwechslung. Eine klare Identität bekam meine Person so nicht. Ich wechselte die „Masken".

Die meisten Menschen, die mich näher kennen, behaupten, mich nicht zu kennen, weil ich nicht eindeutig sei.

Immer, wenn ich etwas für richtig oder falsch erkenne oder für wahr oder unwahr erachte, kommt sofort die Vermutung auf, dass es auch anders sein könnte. Alles hat zwei Seiten. Es gibt eben nicht eindeutig richtig und falsch, wahr und unwahr.

Realität ist subjektiv und relativ!

In meinen beruflichen Tätigkeiten konnte ich diese simple Erkenntnis gut nutzen, weil ich stets schlagartig erkannte, wenn Menschen unterschiedliche Meinungen vertraten, dass die beiden entgegen gesetzten Standpunkte sowohl Stärken als auch Schwächen und eben auch Wahrheiten enthielten. Auch vermochte ich stets, diese Stärken und Schwächen zu verdeutlichen und die unterschiedlichen Standpunkte zu einem gemeinsamen zusammenzufassen. Diese Integrationsfähigkeit ist meine wirklich größte Begabung, die aber gleichzeitig ihre Schattenseiten zeigt. Ich finde so nicht zu einem eigenen klar erkennbaren Standpunkt.

In diesem Leben habe ich um viele Standpunkte zu verschiedenen Themen gerungen, die ich für richtig oder wahr halten konnte.

Ich war auf der Suche nach Wahrheit und nach Erkenntnis. Ein Erfolg bei dieser Suche hätte mir Sicherheit vermittelt. Die einzige Wahrheit, die ich fand, ist die, dass es eindeutige Wahrheit und Realität nicht gibt. Alles ist unscharf, nicht nur Ort und Geschwindigkeit eines Elektrons. Das muss ausgehalten und gleichzeitig als Aufforderung zu mehr Toleranz verstanden werden.

Mit diesem Buch habe ich mich der Wahrheit eines zentralen Themas angenähert, die natürlich auch unscharf bleibt.

In Bezug auf die Erkenntnis, dass wir Wanderer zwischen den Welten sind, eine Erkenntnis, die mich schon immer begleitete und der ich auf dem Hintergrund des Unfalltodes meines Sohnes auf den Grund gehen musste, fehlt mir inzwischen die Vorstellungskraft, dass es auch anders sein könnte. Zu eindeutig sind die Indizien über die Unsterblichkeit der Seele, die ich in den vergangenen Kapiteln anführte. Wie aber genau diese Wanderung aussieht, bleibt mir im physischen Leben natürlich verborgen, völlig unscharf.

Jede Seele wird von einer eindeutigen Bestimmung geleitet, die nicht mit der angenommenen Maske der Person in der physischen Welt überein-stimmen muss.

Seele und Maske können aber übereinstimmen. Dann ist der Mensch mit sich im Reinen, hat volle Identität erlangt und verfügt eigentlich über keine Maske mehr.

Ein wesentlicher Sinn des Lebens über alle Inkarnationen hinweg scheint im Erlangen der Bereitschaft und Fähigkeit zur Unterscheidung des 1. Be-wusstseins, der Individualität nach Stevenson vom 2. Bewusstsein, der Persönlichkeit nach Stevenson zu bestehen und beide zu vereinen. Ich lege dann die Maske (Person / Persönlichkeit) bei Seite und nutze endlich meinen Körper und meinen Geist, um meine Seele (I. Bewusstsein) zum Ausdruck zu bringen.

Für mein Erwachen war nun die stärkst mögliche Erschütterung notwendig. Denn der Tod meines Kindes stellte alle meine Interessen und Verpflichtungen im Vergleich zur Suche nach ihm in der geistigen Welt in den Schatten.
Bei meiner Suche bin auf die Erkenntnis gestoßen, dass die geistige Welt die Heimat unserer Seelen ist. In ihr gibt es keine Dualität. Mit Eintritt des Todes des physischen Körpers kehren wir in unsere Heimat zurück.
Die physische Welt, so wie wir sie wahrnehmen, ist eine Illusion, in der wir uns entwickeln und bewähren. Dabei sind wir dem Prinzip der Dualität und der Begrenzung durch Raum und Zeit ausgesetzt. Die wahrgenommene Wirklichkeit ist eine Illusion, weil es unzählig viele Wirklichkeiten gibt, von denen wir uns eine aussuchen. Dass die Wirklichkeiten aller Menschen von großer Übereinstimmung geprägt sind, liegt zum einen an der sehr ähnlichen Ausstattung von Gehirn und Sinnesorganen und zum anderen an der Sozialisation, also an der Weitergabe an die nachfolgende Generation, was sie für Wirklichkeit halten soll.
Stärkere Abweichungen von Realitätswahrnehmung und Realitätsauffassung innerhalb einer Kultur werden oft als geistige oder psychische Erkrankung definiert.

Das Prinzip der Dualität dient der Seele, um in der Spannung der Pole Probleme zu lösen, an denen sie reifen kann. Diese Reifungsmöglichkeit existiert in der wirklichen Welt, der geistigen Welt so nicht. Hiermit soll nicht gesagt sein, dass sich die Seele in der geistigen Welt nicht entwickeln kann. Ich weiß es ja nicht.
Gewiss erscheint mir, dass die Seele in ihrer Heimat nicht eingebunden und beschränkt ist durch einen dreidimensionalen Körper und eine Zeitebene. Deswegen berichten manche Menschen am Rande des Todes (Nahtod-Erlebende) mit dem Austritt aus ihrem dreidimensionalen Körper plötzlich **ALLES** erkannt und verstanden und mit dem Wiedereintritt in ihren Körper wieder **ALLES** vergessen zu haben.

Ich habe also mein zentrales Thema gefunden, über das ich hier schreibe. In den vergangenen Kapiteln deutete ich immer wieder an, dass die Frage von Leben oder Existenzlosigkeit nach dem Tod ein Thema war, das mich auch schon in der Zeit vor Marcels Übergang in die geistige Welt, ja schon vor seiner Geburt in diese physische Welt immer wieder beschäftigte. Ich ging aber nicht wirklich in die Tiefe, weil es nicht erforderlich war und weil ich dieses Thema nicht als für mich zentral begriff. Auch vertrat ich eher der Auffassung, dass diese Frage nicht mit letzter Schlüssigkeit zu beantworten sei. Nach Marcels Übergang in die geistige Welt brauchte ich aber **Eindeutigkeit.**

Ein weiterer Sinn meines Lebens besteht in der **Rückkehr auf den** viele Jahre vernachlässigten **Meditationsweg.**
Auch in der Weitergabe meiner Meditationstechnik mag ein Sinn liegen. Das Wirken aus dem Zentrum meines Selbst, meines I. Bewusstseins führt zu guten Erfolgen. Ein Beispiel dazu schildere ich im nächsten Kapitel.

Die für mich stets bedeutende Frage bzgl. der Weiterexistenz nach dem physischen Tod kann ich heute also eindeutig mit JA beantworten.
In Bezug auf die Einzelheiten der geistigen Welt gilt, dass wir uns hier der Wahrheit nur annähern können.
Unsere Erkenntnisse aber bleiben unscharf, subjektiv und relativ, solange wir in der physischen Welt verbleiben und uns das „stille Wissen" nicht zur Verfügung steht.

Rückführungen und Reinkarnationstherapie stellen m. E. gelenkte Meditationen dar (gelenkt durch den in frühere Existenzen geleitenden Therapeuten). Sie sind bedeutsame Schlüssel zur Erkenntnis der eigenen Seele, ihrer Kontinuität, ihrer Aufgabe, ihrer Unzerstörbarkeit, ihrer Leiden, ihrer Entwicklung und ihrer Heilung.

Es ist mir heute in meinen Meditationen möglich, gelegentlich Mitteilungen von Marcel und anderen Energien der geistigen Welt zu empfangen. Dass dies keine Einbildung ist, belegt die Aussage von Marcel durch Patricia Thomas, dass ich manchmal meditiere und dann das Gefühl habe, Verbindung zu ihm zu haben und ich gleichzeitig denke, ich bilde mir das ein. Diese vollständig richtige Aussage zu meiner Geisteshaltung zu jenem Zeitpunkt Anfang November 2008 ist auch ein Beleg für meine Aufgabe in dieser Inkarnation, mich in meiner Meditationstechnik weiter zu üben und mich auch auf sie zu verlassen.

18. Agieren aus dem Zentrum heraus

Ich kann aus meinem Zentrum agierend guten Erfolg haben. Und diesen Erfolg kann jeder haben. Deswegen ermutige ich jeden, den Versuch zu unternehmen, aus seinem Zentrum heraus zu agieren, wohl wissend, wie lang der Weg dorthin sein kann. Ich habe viele Jahrzehnte benötigt und bin noch nicht angekommen, aber ich sehe das Ziel vor mir.

Ich war 35 Jahre alt, als meine Frau Ully und ich an einer ziemlich schweren Grippe erkrankten. Wir fühlten uns schlapp, litten unter Schüttelfrost und Fieber.
Unser damals 2-jähriger Sohn Marcel war quietschvergnügt und wollte irgendwie beschäftigt werden. Er infizierte sich nicht mit unserem Virus. So wechselten Ully und ich uns bei der Kinderbeschäftigung ab. Einer von uns lag im Bett, einer spielte mit Marcel. Ully konnte sich sogar einmal aufraffen, mit Marcel zur Karnevalsbelustigung in den etwa 3 km entfernten Ort zu fahren. Sie wurde von der Polizei angehalten und musste einen Alkoholtest über sich ergehen lassen. Wahrscheinlich sah sie unter dem Einfluss von Fieber und Schüttelfrost auch sehr besoffen aus.
Die Virusinfektion hielt bereits zwei Wochen an, als ich an einem Sonntag zu einem von einer Psychoanalytikerin und mir geleiteten Kurs des Ruth-Cohn-Institut zum Starnberger-See fuhr. Die Kursdauer war angesetzt auf 5 Tage (Montagvormittag bis Freitagmittag).
Die Krankheitssymptome hatten abgenommen, waren aber noch nicht

verschwunden. Am Sonntagmittag, als ich fuhr, war ich wohl frei von Fieber, aber geschwächt von der Krankheit.

Die Fortbildung fand in einem Kloster statt. Da ich eine weite Anreise hatte, war ich nun am Abend vor Beginn der Fortbildung angekommen und legte mich ins Bett. Die Körpertemperatur war inzwischen wieder deutlich auf etwa 39 Grad angestiegen. Die Fahrt im Zug und das kalte Wetter im Februar hatten zu einem Rückschlag geführt.

Ich fragte mich, wie ich das überstehen sollte.

Was bedeutete der Kurs für mich?

Es handelte sich um den letzten Kurs im Rahmen meiner Ausbildung beim Ruth-Cohn-Institut (damals noch „Institut for Living Learning in Europe"). Zum Schluss der Ausbildung leitet der Auszubildende als Voraussetzung für die Erteilung des Diploms dieses Instituts 3 Kurse gemeinsam mit einem Mitglied des Lehrkörpers unter dessen Supervision.

Die Teilnehmer bezahlen ordentliche Honorare für die Teilnahme.

Um zu diesem sog. Kriseninterventionskurs zugelassen zu werden, mussten auch sie schon ziemlich weit in ihrer Weiterbildung fortgeschritten sein.

Es sollte den Teilnehmern – wie immer bei diesen Kursen – auf der Grundlage ihres eigenen Erlebens in Beruf und Alltag und des Hier- und Jetzt-Geschehens in der Gruppe vermittelt werden, wie sie Krisen in Gruppen nicht nur bewältigen, sondern positiv nutzen können. Dabei ist es bei der Methode der Themenzentrierten Interaktion ganz gleich, ob es sich nun um therapeutische Gruppen, Schulklassen, Hörsäle oder Arbeitsgruppen oder Teams handelt. Dementsprechend kamen die Teilnehmer aus unterschiedlichen Berufsgruppen: Psychotherapeuten, Pfarrer, Ärzte, Lehrer, Teamleiter aus der freien Wirtschaft und aus dem Gesundheitswesen.

Wie habe ich mich nun am Morgen vor Kursbeginn gefühlt?

Ich hatte Angst, nicht durchzuhalten, dummes Zeug zu reden und mich zu blamieren.

Ich saß auf einem Stuhl in einem Kreis von insgesamt 20 Menschen. Mir gegenüber saß meine Ausbilderin, die ich über meinen Gesundheitszustand informiert hatte.

Ich befürchtete nicht, dass mir die 3. Anerkennung als Voraussetzung für die Teilnahme am Abschlussseminar, bei dem die Diplome dann auch ausgegeben werden würden, versagt bliebe. Wenn ich hier Mist bauen würde, könnte ich einen 4. Prüfungskurs absolvieren.

Ich hatte Angst, mich zu blamieren. Der Kopf war heiß. Über die Initialphase zum Kurs hatten wir beiden Kursleiter uns abgesprochen; außerdem hatte ich den Kursinhalt konzipiert.

Grundsätzlich bin ich ein ausgezeichneter Theoretiker, der in der Lage ist, strukturiert und sicher ein Konzept – wo auch immer – umzusetzen. Haltung und Methode der Themenzentrierten Interaktion hatte ich in mehreren Jahren der Ausbildung internalisiert. Ich war sicher in der Anwendung. Krisenintervention war im Rahmen der Ausbildung zu meinem bevorzugten Thema geworden.

Und nun konnte ich in meiner heißen Birne die Gedanken nicht zusammenhalten. Die von mir erarbeitete und geplante Struktur entschwand meinem Bewusstsein.

Ich gab einen Einstieg – dazu reichte es noch – und dann floss das Seminar dahin; ich kann heute nicht mehr sagen wie, ich weiß nur, ich genoss in diesen Tagen höchste Anerkennung.

Meine Gedankenwelt war ausgeblendet. Denken war in Anbetracht meines Gesundheitszustandes zu schwierig. Ich nahm den Kopf zurück und agierte aus dem Bauch heraus.

Ich vertraute in der Vergangenheit meinem Handeln aus dem Bauch heraus eher wenig. Aber nun musste ich quasi wegen meiner angegriffenen Gesundheit auf die 2. Lösung zurückgreifen – ohne Vertrauen, dass es klappt.

In den folgenden Tagen bis einschließlich Mittwoch arbeitete ich unter Ausschluss meiner Gedanken und meines Wissens auf der Basis von Empathie und Intuition. Wenn jemand aus der Gruppe etwas sagte, machte, ein Problem vorbrachte, wusste ich oder besser fühlte ich intuitiv, was in ihm vorgeht, konnte dies vermitteln und den Betreffenden so dazu führen, sich erfolgreich auf den Weg zur Lösung seines Problems zu begeben.

All mein Agieren entsprang nicht meinem Wissen und meinen Gedanken. Vielmehr handelte es sich um „EINFÄLLE"! Es fiel stets etwas in mich ein, das ich dann in Sprache übersetzte und den Kursteilnehmern präsentierte.

Am Mittwochnachmittag gingen mein Fieber und andere Krankheitssymptome zurück und verschwanden dann ganz schnell gänzlich. Ich fühlte mich physisch nur noch wenig geschwächt.
Am Donnerstag morgen war ich gesund, reflektierte intellektuell und methodisch sauber, was da bisher gelaufen war – und beraubte mich für den Rest meines Lebens bis zum heutigen Tag der Möglichkeit, meiner hervorragenden Intuition und Fähigkeit zur Empathie und eben den „EINFÄLLEN" den Vorrang zu geben.

Wenn es 2 Bewusstseinsformen in mir gibt, das 1. Bewusstsein meiner Seele und das 2. Bewusstsein, welches den Funktionen meines Gehirns entspringt, und es das 1. Bewusstsein ist, das mein Leben geplant hat und sich diese Planung meinem 2. Bewusstsein entzieht, so kann es nur einen sinnvolles Lebensweg geben: Den Zugang zum 1. Bewusstsein, zur Seele zu finden, um sich so seiner Aufgaben, seiner Problemstellungen, seiner Ziele in dieser Inkarnation bewusst zu werden und entsprechend zu leben. Und dies kann unter Ausschaltung des 2. Bewusstseins geschehen.
Da mein 2. Bewusstsein in den ersten drei Tagen des Seminars durch die Krankheit stark in seinen Möglichkeiten reduziert war, schonte ich meinen geschwächten Körper durch die Nichtwahrnehmung von Reizen, durch die Ausschaltung von Gedanken und die Zentrierung auf das jeweils Gegenwärtige. Ich war ganz auf den jeweiligen Moment konzentriert. Alles andere war mir zuviel. Ich dachte gar nichts: nicht daran, wie es meiner Frau und meinem Kind jetzt gehen möge, nicht daran, wie ich den Seminareilnehmern etwas methodisch Sinnvolles vermitteln könnte, nicht daran, wie ich mich ins gute Bild setzen könnte, nicht daran, ob ich das hier richtig mache und mein Zertifikat erhalten würde und auch an nichts anderes.

Der Sinn meines Lebens ist also die Zentrierung auf mein I. Bewusstsein und auf das Agieren aus diesem Bewusstseinszustand.
Was immer dabei herauskommt, entspringt meinem Seelenauftrag, repräsentiert meine Individualität.
In der Leere des 2. Bewusstseins bekomme ich den Zugang zu meiner Seele.
Meditation ist ein Weg. Die Illusion, irgendetwas planen, strukturieren, in den Griff bekommen zu können, um so Sicherheit zu erlangen, soll ich wohl aufgeben. Denn es gibt keine Sicherheit im Leben. Sicherheit ist auch unbedeutend, da das Leben ewig währt.

Ich habe immer wieder erlebt, dass meine Planungen, meine Hoffnungen, meine Ansichten, meine Vorstellungen über den Haufen geworfen werden, dass es anders kommt, als von mir beabsichtigt.
Entgegen meinen Erwartungen habe ich nicht erlebt, wie sich mein Sohn jenseits seines 22. Lebensjahres entwickelt.
Ich will mein Leben gedanklich bestimmen und nach meinen Vorstellungen planen. Aber es läuft anders. Ich werde bestimmt von den Ereignissen, vermutlich von dem, was mir als Lebensaufgabe und Lebenserkenntnis vorherbestimmt ist.
Ich treibe auf einem Fluss und muss erkennen: Ich soll mich treiben lassen und aufmerksam sein, was hinter der nächsten Flussbiegung zu sehen ist und dann entsprechend reagieren. Ich soll schauen, wer und was mir begegnen, statt zu planen, wer und was mir begegnen.

Dazu fällt mir eine Episode aus meinem Leben ein, die noch heute zur Belustigung über mich beiträgt:
Am I. April 1980 lernte ich meine spätere (2.) Ehefrau kennen, weil wir am selben Tag in derselben Klinik eine berufliche Tätigkeit aufnahmen. Als ich sie beim gemeinsamen Rundgang durch die Klinik in Beisein unseres gemeinsamen Chefs zum ersten Mal in diesem Leben sah, durchfuhr es mich intuitiv (nicht gedanklich): „Diesen Menschen kenne ich schon mindestens 2000 Jahre!" Nun, dachte ich, soll ich ihr das sagen.

Eine billige Anmache wird sie denken. Oder, was ist denn das für ein Spinner.

Zu diesem Zweck der Arbeitsaufnahme in dieser Klinik war ich auch aus dem Ruhrgebiet nach Ostwestfalen umgezogen. Allerdings nicht nur zu diesem Zweck, sondern auch um dort eine gemeinsame Wohnung mit meiner späteren (1.) Ehefrau zu beziehen, die ich in einigen Monaten heiraten wollte.

Ich heiratete zunächst im September 1980 meine 1. Ehefrau, obwohl mir intuitiv an diesem 1. April klar wurde, gerade der Frau begegnet zu sein, mit der ich bereits Jahrtausende verbunden bin.
Ich schob diese Intuition des Wiedersehens und Wiedererkennens genauso beiseite wie die Intuition, die bereits geplante erste Hochzeit besser aufzugeben. Stattdessen bin ich meiner Planung gefolgt. Zu meiner 1. Hochzeit war meine 2. Ehefrau dann auch eingeladen.
Mein Vater teilte später meiner Mutter seine Vermutung mit, dass ich zu diesem Zeitpunkt mit meiner Kollegin eine Affäre hätte. Das traf nun wirklich nicht zu! Aber hat mein Vater schon damals wahrgenommen, dass Ully und mich etwas verbindet, das in der augenblicklichen Realität nicht in Worte zu fassen ist!?
26 Monate später wussten wir, dass wir auch in diesem Leben zusammengehören.

19. Die übergeordnete Sinnfrage

Sich als ein Ganzes begreifen, als eine Familie wäre wohl eine Haltung, mit der die Menschen ihre Existenz auf diesem Planeten langfristig sichern und Konflikte lösen könnten. (Die dauerhafte Existenz der Seele außerhalb dieses Planeten wird durch diese Aussage nicht berührt!)
Nationale Regierungen sind in Bezug auf die Sicherung der Existenz der Menschen (nicht ihrer Seelen) schädlich, weil sie das Gegeneinander, das Wahren der Interessen nur eines Teiles der Menschenfamilie in den Mit-

telpunkt stellen. Konflikte sind durch eine Weltregierung besser lösbar. Eine Utopie? Dies mag manchem so erscheinen; in Zukunft wird es diese Weltregierung geben.

Die Tendenz ist erkennbar. Staaten schließen sich zu erfolgreicheren Gemeinschaften wie die EU zusammen und berücksichtigen in ihren Verhandlungen die Interessen der anderen Staaten in der Gemeinschaft. Die meisten der „heute lebenden Menschen" (bei weitem nicht alle) haben begriffen, dass Konflikte durch Verhandlungen und Kooperation besser lösbar sind als durch Konfrontation und Gewalt. Das war in der Geschichte der Menschen nicht immer so. Auf dem Weg einer Seele über einen Zeitraum von mehreren Tausend Jahren ist positive Entwicklung aber selbstverständlich.

Der Sinn des physischen Lebens besteht darin, zu erkennen, dass alle Menschen miteinander verbunden sind, dass letztlich alles mit allem im gesamten Bewusstseinsraum (Universum?) verbunden ist. Wir alle entspringen dem universellen Bewusstsein. Wir sind alle Teile Gottes und so ist der Satz zu verstehen: „Was ihr getan habt einem von diesen meinen geringsten Brüdern, das habt ihr mir getan." (Matth. 25, 40) Noch zugespitzter formuliert: Was du dem geringsten deiner Brüder oder Schwestern antust, das tust du dir selbst an, weil er / sie und du Teile eines übergeordneten Ganzen seid.

Es geht darum, an Toleranz und Liebesfähigkeit aber auch an Erkenntnis zu gewinnen. Liebe unterliegt nicht der Polarität.

Wie ist überhaupt „Liebe" in dem von mir angesprochenen Zusammenhang als Sinn und Ziel des Lebens zu verstehen? „Liebe" bedeutet, sich verbunden zu fühlen, und zwar emotional. Ich empfinde die Verbundenheit zu allen anderen Geschöpfen des universellen Geistes oder Bewusstseins (= Gott).

Erkenntnis hingegen ist die rationale Auseinandersetzung mit dieser Wirklichkeit durch alle hier angesprochenen aber bei weitem nicht ausdiskutierten Themen.

Diese Auseinandersetzung hilft mir letztlich, die Verbundenheit auch zu spüren und gelegentlich zu leben. In erster Linie hilft sie mir, **den „Tod" meines Sohnes zu verstehen.**

Wertschätzung statt Isolierung, Selbstwertgefühl statt Selbstzweifel! Dies können wir uns gegenseitig durch das gelebte Gefühl der Verbundenheit schenken.

Neben dieser generellen Sinngebung, die auf alle Menschen gleichermaßen zutrifft und das Leben im Hier und Jetzt angenehm gestaltet, gibt es für die Seele eine ganz spezifische Aufgabe zum einen in der gegenwärtigen Inkarnation als auch über alle Inkarnationen hinweg.

In Bezug auf Marcel habe ich im 1. Teil die Erkenntnis gewonnen, dass er den wesentlichsten Sinn seines Lebens möglicherweise mit der Überwindung seines Traumas erfüllt hatte. Marcels Seele ist auf dem Weg zu mehr Verbundenheit, Liebesfähigkeit und Erkenntnis einen wesentlichen Schritt vorangekommen. In einer meiner Meditationen teilte er mir mit, dass er sein Ziel ohne Rebekka nicht erreicht hätte. Ihre gemeinsame Beziehung schaffte also die Voraussetzung, damit er sein Lebensziel erreichen konnte. Dies war dann aber nur möglich, weil er den Schritt gewagt hatte, sich auf sie zu verlassen, ihr zu vertrauen, die von Herrn Brodesser angesprochene Seelenverwandtschaft zu erkennen und anzunehmen.

Die Verbundenheit von uns Eltern von Marcel zu Rebekka besteht bis heute. Ich bewundere, wie diese junge Frau den „Tod" von Marcel in ihr Leben integriert hat. Der Kontakt zu ihr ist für uns schön aber zu keinem Zeitpunkt bewusst initiiert. Ich denke so etwas geht auch nicht; der Kontakt ergibt sich, indem man miteinander erlebt, das Schicksal ist so besser anzunehmen. Wir haben uns nie etwas vorgejammert oder Gott verflucht. Dies finde ich wichtig!

Marcel fand unter den erschwerten Bedingungen einer inneren psychischen Isolation, bedingt durch ein frühes Trauma letztlich Zugang zu den ganz wesentlichen Dingen: Entwicklung beruflicher Perspektiven, Kontaktfähigkeit, Beziehungsfähigkeit, Liebesfähigkeit, sich verbunden fühlen. Kaum hat er alles klar vor sich gesehen und Pläne gemacht, war es vorbei: „Scheiße gelaufen!" In einer anderen Meditationen bestätigt er mir diese Erkenntnis: Er war mit allen ihm wichtigen Menschen zum ersten Mal im Reinen.

Auch mag es der Sinn seiner Existenz gewesen sein, so makaber das scheint, seine Eltern zu geistigem Wachstum anzuregen.

Viele Medien und Nachtodforscher u. a. spirituelle Denkrichtungen gelangen zu der Erkenntnis, dass vorgeburtlich die Seelen bestimmte Szenarien für das zukünftige Leben im Diesseits vereinbaren.

Dies geschieht in dem Bewusstsein, der einzelnen Seele die Ereignisse und Lebensbedingungen zu bieten, die ihre Entwicklung am besten fördern.

So betrachtet kann das Leben im physischen Körper auch als Spiel aufgefasst werden, das sich die einzelnen Seelen oder der Zusammenschluss aller Seelen bzw. Gott geschaffen haben, um interessante Erfahrungen zu machen.

Leider haben wir vergessen, uns auf einem „Spielfeld" zu befinden. Wir müssen das Geschehen auf diesem „Spielfeld" Planet Erde nicht so tragisch nehmen. Denn nach dem Spiel gehen wir ins „Jenseits" – also nach Hause (vgl. Musik – Mitteilung durch Marcel an Ully am 19. April 2007): „It's a wonderful morning, it's a wonderful day, I'm coming home!"

Um das Spiel mit Spannung spielen zu können, ist es eine Grundregel, die eigene Herkunft zu vergessen. Ein wesentliches Ziel des Spiels besteht in der Wieder-Erinnerung an die eigene Herkunft (Jenseits) und in der allmählichen Befreiung von irdischen Wünschen, also von Wünschen, die es nur auf dem Spielfeld gibt (physische Welt). Hat man diese Ziele erreicht, wird man vom weiteren Spiel ausgeschlossen und bleibt in der jenseitigen Welt. So ungefähr mag man die spirituellen Lehren des Hinduismus und Buddhismus verstehen: Das Rad der Wiedergeburt zu überwinden und das ewige Bewusstsein stattdessen in höhere geistige Sphären aufsteigen zu lassen.

In der Verarbeitung des Todes meines Sohnes habe ich viel gelesen, um Antworten auf die Fragen zu finden, gibt es Marcel noch, wo ist er jetzt und geht es ihm gut. Einen Teil meines Lesestoffes habe ich im 1. Teil erwähnt und z. T. daraus zitiert, um meine Antworten zu begründen.

Zu Anfang dieser Lese-Beschäftigung – etwa im Mai 2007 – las ich verschiedene Bücher von Varda Hasselmann und Frank Schmolke. (42)

Inhalt sind Aussagen einer Seelenfamilie aus der sog. kausalen Welt, die sich durch Frau Hasselmann in ihrer Eigenschaft als Trance-Medium meldet.

In der kausalen Welt befinden sich demnach Seelenfamilien. Sämtliche Einzelseelen (etwa 1000) einer Seelenfamilie haben ihre Inkarnationen (zwischen 60 und 100) abgeschlossen und sich zusammengefunden. Nur eine Seelenfamilie als Ganzes wechselt nach **Abschluss sämtlicher Inkarnationen aller Mitglieder** von der Astralebene auf die Kausalebene.

In die astrale Welt wechselt jede Seele nach Verlassen ihres physischen Körpers sofort oder mit zeitlicher Verzögerung. Eine zeitliche Verzögerung wird durch eine Erdgebundenheit verursacht.

Diese kann durch 2 Faktoren ausgelöst werden:

Die Seele erfasst nicht, dass sie „tot" ist, weil sie sich mit dem „Tod" nicht auseinandergesetzt hat und nun meint sie, sie lebe noch, weil sie eben noch etwas erlebt.

Die Seele kann sich nicht von ihrer Umgebung entfernen, weil sie noch etwas Wichtiges zu erledigen hat.

Die Kausalebene ist für mich schlecht vorstellbar; es erscheint mir so, dass die Mitglieder der Seelenfamilie sich zu einer Einheit zusammenfinden, aber ihre Individualität auch noch erleben.

Wahrscheinlich erkennt man auch in der astralen Welt die Seelenverwandtschaft zu Seelen sowohl im Diesseits als auch im Jenseits.

Ich will im Folgenden einige Aussagen der angesprochenen „kausalen Seelenfamilie" wiedergeben und meine Gedanken dazu äußern:

Es geht auch hier um die Frage nach dem Sinn der Existenz der Seele. Ich grenze hierbei den Sinn des einzelnen physischen Lebens ab vom Sinn der Existenz der Seele durch alle Inkarnationen und ihrer Existenz in der Astralwelt.

Der Sinn des gegenwärtigen Lebens besteht darin, den Sinn der dauerhaften Existenz ein Stück mehr als zuvor zu begreifen und einige Schritte
auf dem Weg zur Sinnerfüllung der dauerhaften Existenz zu gehen.

Das Ziel der Einzelexistenz über alle Inkarnationen hinweg, aber nicht
der Sinn einer einzelnen Inkarnation besteht in der steten Zunahme des
Ausdrucks von Liebesfähigkeit und dem Gewinn von allumfassender Erkenntnis.
Individuell betrachtet kommt jeder Seele und jeder Seelenfamilie eine
bestimmte Aufgabe zu, die bis zum Abschluss der Inkarnationen aller Mitglieder einer Seelenfamilie erledigt sein wird.

Alte Seelen (Seelen in einer späten ihrer 60-100 Inkarnationen) verfügen
über mehr Moral, Erkenntnis, Liebesfähigkeit, Gelassenheit und der Gewissheit von allumfassender Verbundenheit zu ALLEM und mit ALLEM als
junge Seelen, ähnlich einem alten Menschen, der die Kulturtechniken, die
ein Kind noch lernen muss, bereits beherrscht.
So mag für eine alte Seele das praktische Ausleben ihrer Liebesfähigkeit
selbstverständlich sein, weil sie über alle ihre vielen Inkarnationen gelernt
und begriffen hat, dass das Gefühl der Verbundenheit zu den anderen
Geschöpfen und mit dem gesamten Universum und mit der geistigen
Welt die einzige Möglichkeit der Problemlösung bzw. der erfolgreichen
Spielgestaltung im „Spiel des Lebens" darstellt. Sie weiß dies, weil sie alle
anderen Möglichkeiten erfolglos ausgeschöpft hat. Eine junge Seele hingegen muss viele dieser Möglichkeiten noch ausprobieren. Die Erkenntnis
der Erfolglosigkeit dieser Problemlösungsstrategien, die ja kurzfristig von
Erfolg begleitet sein können, ist schwierig und oft schmerzhaft.
Je häufiger man aber ein Spiel spielt, je erfolgreicher ist man auch ge-
wöhnlich.
Mit Hilfe dieses Ausprobierens gelangt auch die junge Seele allmählich zu
der Erkenntnis, dass Gewalt, Betrug, Heimtücke, Taktieren, aber letztlich
auch Verhandeln u. a. konstruktive Problemlösungsstrategien der Dualität
unterliegen, also Vor- und Nachteile bieten.

Nur das Gefühl der Verbundenheit (Liebe) entzieht sich der Dualität. Es beinhaltet nur Vorteile, weil eben die Grundlage der Existenz, die Verbindung von und mit Allem, keinen Gegenpol haben kann. Das ALL-EINE kann keinen Gegenpol haben, weil außer ihm nichts existiert. Pole können nur künstlich oder spielerisch innerhalb des EINEN aufgebaut werden. Sie existieren aber nicht wirklich.

Dagegen kann nun argumentiert werden, Liebe kann enttäuscht werden und das ist ein Nachteil.
Liebe ist aber kein Geschäft, sondern der vorbehaltlose Ausdruck der individuellen Seele, die die Erkenntnis gewonnen hat, dass jede Seele mit der anderen verbunden ist. Von daher ist die Liebe zum Nächsten immer auch die Liebe zu sich selbst.
Der andere ist zwar getrennt von mir, aber dennoch ein Teil von mir, wenn ich mich in einem größeren Zusammenhang sehe. Da sich letztlich alle Seelen in Gott vereinen, gehören sie auch zuvor schon zusammen und die Verletzung einer anderen Seele fällt schmerzhaft auf mich selbst zurück.

Es ist bedeutsam herauszufinden, wer bin ich in diesem Leben und was ist mein Entwicklungsstand, um nicht ungeeignete Forderungen an mich selbst zu stellen.
Unpassende Forderungen an sich selbst zu stellen, kann zur Qual führen. Manche Menschen sind unglücklich, weil sie einen Beruf gewählt haben, der sie moralisch überfordert.

Der Sohn eines Pfarrers wird Pfarrer, weil sein Vater sich das wünscht, ist aber gar nicht in der Lage die erforderliche Kommunikationsfähigkeit aufzubringen oder eben die notwendige unbedingte Liebe zu den Gemeindemitgliedern.

Oder ein anderer übt den Beruf eines Lehrers aus, weil es von ihm aus welchen Gründen auch immer erwartet wurde. Er ist unglücklich, weil er sich Tag für Tag quälen muss, die notwendige Geduld mit und die erforderliche Liebe zu den Kindern und Jugendlichen aufzubringen. Aus ihm wäre aber möglicherweise ein guter Ingenieur geworden.

Der Sinn der verschiedenen Inkarnationen besteht in der allmählichen, eben über 60-100 Inkarnationen andauernden Entfaltung der Seele zu kompletter Reifung. Ist die vollendete Reife eingetreten, sind weitere Inkarnationen überflüssig.

Nach Hasselmann und Schmolke bzw. der genannten Seelenfamilie der kausalen Welt durchläuft die Seele in der Abfolge ihrer Inkarnationen 5 Stadien, die wie folgt genannt werden:
„Säuglingsseele", „Kindseele", „junge Seele", „reife Seele" und „alte Seele". Nach Auffassung der erwähnten Seelenfamilie befindet sich die Mehrheit der Seelen auf unserem Planeten im Stadium der „jungen Seele". Junge Seelen sind dynamisch, aktiv, risikobereit, zeigen wenig Problembewusstsein, sind erfolgsorientiert, sie akzeptieren gesellschaftliche Grenzen, neigen also zur Anpassung.

Hier will ich meinen vorherigen Gedanken aufgreifen. Es wäre eine Überforderung für die junge Seele, wenn von ihr verlangt würde, die eben genannten Eigenschaften zu vernachlässigen, weil Erfolg, so wie wir ihn im Rahmen unserer gesellschaftlichen Wertvorstellungen interpretieren, ohne Bedeutung sei. Es käme doch mehr auf die Hinwendung und Zentrierung auf die allumfassende Seele an und auf das Gefühl, sich mit den anderen Geschöpfen verbunden zu fühlen statt sich von ihnen abzugrenzen. Dies kann die junge Seele noch nicht erkennen. Zwingt man sie aber in eine solche Geisteshaltung hinein, z. B. durch eine entsprechende Erziehung und Berufswahl, ist sie überfordert und wird entweder in sehr belastende Gewissenskonflikte geraten oder sich durch ausweichendes Verhalten (Krankheit, Kriminalität, Intelligenzmangel) der Situation entziehen.

Die transzendente Denk- und Erlebnisqualität ist der jungen Seele noch weitgehend verschlossen. Sie kann sich lediglich an religiöse Werte anpassen, ähnlich wie sie weltliche Gesetze akzeptiert.

Diese Werte sind im Wesentlichen von jungen Seelen geschaffen. Hierin sind sowohl die Ursache für die unbefriedigende Darstellung unserer religiösen Werte als auch die hinlänglich bekannten Unzulänglichkeiten in der Politik begründet. Dass die Werte im Wesentlichen von den jungen Seelen bestimmt werden, mag 3 Gründe haben:

Sie sind in der Mehrheit.

Sie streben nach Macht und Einfluss.

Reife und gar alte Seelen interessieren sich für Macht und Einfluss immer weniger.

Hierin ist auch begründet, dass die christlichen Kirchen, die von jungen, aktiven, dynamischen Seelen geleitet werden, die transzendente Ebene vernachlässigen und stattdessen Einhaltung irgendwelcher Gebote postulieren, die sie sich im Laufe der Geschichte selbst ausgedacht haben und die in der Bibel nicht oder nur unter anderen Interpretationsabsichten zu finden sind.

Ich interpretiere die Evangelien als Gebot zur Toleranz und zur Nächstenliebe, nicht als Instrument der Verdammung von Menschen, die in ihrer Not Schwangerschaften abbrechen, sich in ihrer sexuellen Orientierung vom Durchschnitt unterscheiden oder die einfach Gott und das Leben anders interpretieren als eben die Kirche.

In der Dominanz junger Seelen mag auch der Grund für das Fehlen einer philosophischen Dimension in der Politik liegen. Politik bedeutet in unserer Gesellschaft zupackende Lösung aktueller Probleme ohne Weitsicht. Sie geschieht ohne Weltbild, ohne Menschenbild, ohne Philosophie, ohne Moral, ohne Erkenntnis usw.

In ihrer Weiterentwicklung wird dann aber auch die „junge Seele" allmählich fragender, gelassener, eben reifer. Die reife Seele (Anteil 20-25 % in unserer Gesellschaft) ist fähig, leidvolle Erfahrungen zu integrieren. Sie zweifelt an gesellschaftlichen Normen und auch an sich selbst.

Allein dieser Umstand lässt auf eine positive Entwicklung der Menschen-familie hoffen.

Die alte Seele ist dann schließlich unbekümmert und unabhängig von Mei-nungen anderer Menschen. Sie versucht, auch ungewöhnliche Wege zu gehen. Sie strebt auch Kontakt zu Wesen der geistigen Welt an. Sie ist bereit, die physische Welt zu verlassen.

Die kausale Seelenfamilie benennt sehr ausführlich verschiedene Rollen, die im Laufe der Inkarnationen nicht wechseln (Heiler, Künstler, Krieger, Gelehrter, Weiser, Priester, König).

Bei der Berufswahl und bei der Schaffung der eigenen allgemeinen Lebens-bedingungen erscheint es wichtig, seine eigene Seelenrolle zu erkennen, um nicht gegen das Naturell dieser Rolle zu leben. Denn dann zwinge ich mich in etwas hinein, für das ich nicht geschaffen bzw. geeignet bin.

„Heiler" sind am meist verbreitet. Sie gestalten das Zusammenleben der Menschen so, dass es trotz aller Schwierigkeiten irgendwie klappt. „Heilen" bedeutet in diesem Zusammenhang unterstützen. Der Sinn dieser Seelen liegt darin, Aufgaben zu übernehmen, die für den Fortschritt in Bezug auf das Zusammenleben der Menschen von Bedeutung sind.

Der „Künstler" strebt das Neue an. Er empfindet Befriedigung hinsichtlich seiner Einfälle. Er will wegen seiner Originalität von seinen Mitmenschen geschätzt werden. Es handelt sich also eindeutig um kreative Menschen in allen Bereichen menschlicher Ausdrucksform. Mit „Künstler" ist bspw. nicht der Schauspieler gemeint, der ja lediglich nach Vorgaben anderer etwas darstellt. Es geht um das Kreieren von Neuem.
Der „Krieger" will bestehende Zustände verändern. Er findet im Handeln seine Erfüllung. Er setzt sich für andere gegen ungerechte Verhältnisse ein. Ein wichtiges Thema ist es, siegen zu müssen.

Der „Gelehrte" eignet sich Wissen an und wird so ein Wissender. Er will das Wissen weitergeben. Er strebt Gewissheit an. Er geht ins Detail, analysiert die Dinge in der Zurückgezogenheit. Kontakt ist nicht wichtig.

Der „Weise" sucht nach Erkenntnis. Wissen ist dabei eher belanglos. Erkenntnis gewinnt er durch Austausch mit anderen, durch Kommunikation. Er überblickt die Gesamtsituation, weniger das Detail. Er ist ein angenehmer und beliebter Gesprächspartner. Er benötigt Beachtung.

Der Priester verfolgt ein Ideal, das er als großes Anliegen empfindet. Auch er will anderen Menschen helfen, aber weniger durch praktisches Handeln (Heiler) als durch Trost, Mitleid und Rat. Er kann gut zuhören und berät andere.

„Könige" gibt es wenige. Sie fallen durch ihre Erscheinung auf, allein schon durch ihren Körper. Sie ziehen leicht Aufmerksamkeit auf sich. Sie übernehmen Verantwortung.

In dieser äußerst kurzen Darstellung habe ich positive Seiten der einzelnen Seelengruppen aufgeführt. Die Schattenseiten werden hierbei vernachlässigt. Dadurch werden eher Ziele deutlich, die die Seelen im Laufe ihrer Inkarnationen zu verwirklichen haben. Auf diesem langen Weg geraten sie mit ihrem zentralen Anliegen oft in Sackgassen, die die Korrektur durch Lernen erfordern.
So lässt sich der „Heiler" gern ausnutzen bis er lernt, selbstbewusst die ihm zugedachte Rolle zu übernehmen. Der „Gelehrte" neigt dazu, ein Eigenbrödler zu werden. „Priester" neigen zur Intoleranz usw.
Ich empfehle diese interessante Literatur, um sich seines eigenen Seelenauftrages bewusster zu werden.
Jede Seele ist Mitglied einer Seelenfamilie, die eine gemeinsame Aufgabe im Laufe der verschiedenen Inkarnationen zu bewältigen hat. Die Mitglieder der Seelenfamilie stehen telepathisch in Verbindung. Sie setzen sich in der Regel aus 3-4 unterschiedlichen Rollen zusammen, von denen 1 Rolle dominant ist, also z. B. 500 Priester und je 250 Künstler und Könige.

Neben dieser konstanten Seelen-Rolle bringt jede Seele eben das dynamische Seelenalter (man wird von Inkarnation zu Inkarnation älter), und verschiedene festgelegte Verhaltensweisen als Komponenten des Seins mit. Diese Eigenschaften sind dann eben schon in der astralen Welt von der Seele und ihren Ratgebern festgelegt worden, genauso wie Ort, soziales Umfeld, Eltern und sonstige Rahmenbedingungen für die neue physische Existenz.

Dies alles ist sehr interessant und dient durchaus der Erkenntnis seiner selbst; eine genauere Wiedergabe an dieser Stelle sprengt aber den Rahmen meines Anliegens.

Ferner tragen die Erkenntnisse der kausalen Welt zu mehr Selbstakzeptanz bei. Ich bin so wie ich bin und kann mich in einem vorgegebenen äußeren Rahmen meiner Seelenstruktur (Seelenrolle, Seelenalter u. a.) und meiner genetischen und sozialen Wirklichkeit weiterentwickeln. Aber eben nicht außerhalb des Rahmens. Meine genaue Analyse ein „Gelehrter" zu sein gibt mir die Möglichkeit, mit dem hier beschriebenen Drama meines Lebens so umzugehen, wie ich es mache.
Hinweise, diese Form der Auseinandersetzung könne mich quälen, sind unsinnig, denn anderen Möglichkeiten der Bewältigung sind nicht meine. Ully bearbeitet den Tod unseres Sohnes als eine „Weise"; sie kommuniziert und gewinnt über die Kommunikation Erkenntnisse.

Der Sinn des Lebens ist es, im Rahmen der Möglichkeiten in der jeweiligen Inkarnation den generellen Auftrag zur Erweiterung von Liebe und Erkenntnis zu erfüllen und so zunehmend ein Gefühl der Verbundenheit mit ALLEM und JEDEM zu entwickeln und zum Ausdruck zu bringen. Darüber hinaus sollen die Rolle der Seele und ihr individueller Auftrag erfasst werden

Der „Tod" von Marcel hat mich – in voller Identität mit meiner Seelenrolle – das Sinnbild des Lebens wie ein Puzzle zusammensetzen lassen. Meine Hoffnung ist auch, dieses Puzzle könne nun auch anderen Eltern helfen, die tragischen Todesfälle ihrer Kinder in ihr Leben zu integrieren statt zu verzweifeln.

Die tiefsten Erkenntnisse schöpfe ich aus meiner Form der Meditation, also dann, wenn ich – wie es der Seelenrolle des „Gelehrten" zukommt – die Zurückgezogenheit ausleben kann, die ich benötige, um mich entfalten zu können. In diesen Momenten erhalte ich gelegentlich tiefe Einsichten oder „Einfälle" aus der jenseitigen Welt.
Und so erzähle ich zum Schluss noch einmal von einigen Inhalten dieser Meditation (Juni bis September 2009).
Ich greife zunächst die letzte Meditationen aus dem 16. Kapitel auf. Dabei interpretiere ich meine beschriebene Erkenntnis: Es überlagern sich tatsächlich mehrere Realitäten, von denen wir eine wahrnehmen. In der Leere der Meditation verfüge ich über eine Möglichkeit, eine andere Realität als die übliche wahrzunehmen.

Ich spüre Marcel im Raum und er übermittelt den Gedanken oder gibt ihn ich mich ein – ich weiß nicht genau, wie ich dieses Phänomen beschreiben soll – dass das starke Gefühl der Verbundenheit, dass ich zu ihm am Vorabend seines Todes verspürte in der Meditation die Herstellung von Kontakt erleichtere. Die Begriffe Verbundenheit, Liebe und Erkenntnis, solle ich noch einmal aufgreifen. Also mache ich dieses (vgl. meine direkt zuvor geäußerten Gedanken).
Ich spüre Marcels Energie in meiner Nähe. Für einen Moment können wir Gedanken oder besser gesagt Impulse zu dem Phänomen der Dualität austauschen. Dualität bedeute demnach, Spannung zwischen 2 Polen zu spüren. Die Spannung gestalte das irdische Leben interessant und problematisch. So sei es ihm gegangen und so erlebte ich es auch. In der jenseitigen Welt gäbe es diese Spannung oder Dualität nicht. Er habe diese Spannung geliebt, wenn er „gut drauf" war.
Eine allgemeine Eingabe aus der geistigen Welt: Das Buch und die damit verbundene Beschäftigung mit Marcel sei eine Form der unendlichen Kommunikation.

Eine allgemeine Eingabe aus der geistigen Welt: „Es geht im irdischen Leben darum, eine Art von Selbstdisziplin zu finden, die keine dogmatischen Züge trägt, sondern von Liebe, dem Wunsch nach Erkenntnis und Verbundenheit mit ALLEM geprägt ist. Dir fehlt oft die Zeit. Teile die Zeit ein und halte dich daran, auch wenn es schwer fällt. Sei dabei fröhlich, denn alles andere fügt sich von selbst. Dein Wille steht der Fügung im Weg und führt zur Verkrampfung. Die Aufforderung (3. Stimme) von den Umständen um Marcels Übergang in die geistige Welt zu berichten, ist unverändert bedeutsam."

Eine weitere Eingabe, der ich dann unmittelbar Folge leiste: „Bete für die, die du kennst in der geistigen Welt; präsentiere sie vor deinem geistigen Auge." Ich war gerade dabei, die Meditation in eine andere – eher auf Körperentspannung zentrierte Richtung zu lenken, als diese Eingabe kam. Ich folgte ihr und sah alle vor mir, auch die, die ich niemals persönlich kennen lernte, z. B. den Vater meines Vaters und seine früh verstorbenen Kinder. Es wäre interessant, Fotos von ihnen zu haben.

In meinem Urlaub geschieht es in einer äußerst entspannten Situation, in der ich zwar nicht meditierte, aber auch so meine Gedanken und den „inneren Dialog" völlig abschaltete, dass ich Marcel sehe, ohne ihn zu sehen. Damit meine ich, ich weiß. dass sein Körper nicht anwesend ist, denn der ist ja zerstört. Ich sehe ihn so, wie man sich vielleicht eine Luftspiegelung vorstellt. Auch jetzt ist es möglich, einige Gedanken auszutauschen.

Ich höre Worte, aber nur vereinzelt, eben unterbrochen, wie in einem defekten Radio. Die Mitteilung kommt also nicht durch.

Eingabe: „Wenn du die endlose Kommunikation mit Marcel fortsetzen willst, musst du ihn dir nur vor deinem inneren Auge vorstellen. Das sog. 3. Auge zu aktivieren, ist dein Weg. Über die Öffnung des Kronenchakra erreichst du wenig." Das mache ich dann und nach einigen Sekunden „sehe" ich Marcel auch. Ja, es gehe ihm gut, denn in der jenseitigen Welt könne es ihm nicht schlecht gehen. Die jenseitige Welt sei voller Harmonie; es gebe keine negativen Gefühle, denn die Dualität bestehe dort ja nicht. „Was ist dann der Sinn der physischen Welt?" frage ich. Er antwortet, der Sinn sei unter der Prämisse der Dualität die emotionalen Ausdrucksformen von Liebe, Achtung, Wohlwollen, Mitgefühl usw. beizubehalten.

Meditation bedeutet „Leere" herzustellen. In diesem Zusammenhang fallen nachfolgend aufgeführte Aussage von Jesus in mich ein, oder anders ausgedrückt, sie kommen mir in dieser Meditation in den „Sinn":

„Lasset die Kinder zu mir kommen und wehret ihnen nicht, denn solchen gehört das Reich Gottes. Wahrlich ich sage euch: Wer nicht das Reich Gottes annimmt wie ein Kind, der wird nicht hineinkommen." (Luk. 18, 16-17)

„Selig sind, die da geistlich arm sind, denn ihrer ist das Himmelreich." (Matth. 5, 3)

Aber auch im Zusammenhang mit den sog. „Wunderheilungen" wird u. a. folgendes berichtet: „... trat ein Hauptmann zu ihm, der bat ihn und sprach: Herr, mein Knecht liegt zu Hause und ist gelähmt und leidet große Qualen. Jesus sprach zu ihm: Ich will kommen und ihn gesund machen. Der Hauptmann antwortete und sprach: Herr, ich bin nicht wert, dass du unter mein Dach gehst, sondern sprich nur ein Wort, so wird mein Knecht gesund." (Matth. 8, 5-8)

Was bedeutet dies? Ich habe dazu folgende „Einfälle":

Das gesamte Geschehen in unserem unendlichen Leben ist nicht durch das Intellekt zu erfassen, sondern eher durch so etwas, das wir unter dem Begriff der Intuition kennen, im Sinne des „stillen Wissens" wie es bei den Kindern und dem Hauptmann anzutreffen sein mag. Wichtig in Bezug auf die Wirkung der Heilung und sonstiger Besserungen von unerwünschten Zuständen ist der Glaube, dass es geschehen kann. Beeindruckend ist hier das im Kapitel „Quantenphysik" erwähnte Experiment, bei dem eine größere Gruppe von Menschen in einem Kriegsgebiet meditiert und gemessen wird, dass sich die Kriegshandlungen und auch andere Unglücksfälle während der Zeit der Meditation verringern und nach Beendigung der Meditation wieder ansteigen. Dies belegt ja, dass Energie von uns allen ausgeht und wirkt. Energie existiert aber nicht nur im lebenden physischen Körper sondern eben auch in den „Geistwesen", die ihren Körper verlassen haben und nun reine Energie und Bewusstsein sind und auch auf uns wirken können.

Über „Geistheilungen" wird auch heute noch berichtet. Ob sie wirklich geschehen, vermag ich nicht zu beurteilen. Aber es mag sein, dass die göttliche Energie oder die Energie einzelner Seelen oder Seelengruppen durch einen physisch in unserer Welt anwesenden Menschen geleitet wird und in einem anderen Menschen wirken kann, ihn z. B. von einer Krankheit heilt.

Es geht darum – und diese Fähigkeit ist Kindern eher gegeben – die Wahrnehmung der Seele, die von mir auch 1. Bewusstsein genannt wurde, zuzulassen. Kinder haben mehr Zugang zu ihrer wahren Herkunft, der jenseitigen Welt.

Gelangen die anderen, die sich nicht wie Kinder verhalten oder wie der Hauptmann, nicht in das „Himmelreich"? Das „Himmelreich" fasse ich auf, als Befreiung aus dem „Rad der Wiedergeburt". Die Seele hat dann alle erforderlichen Erfahrungen hinter sich gebracht, um ewig als reine Energie und reines Bewusstsein weiterzuexistieren, vielleicht in größeren Zusammenschlüssen mit andere Seelen und letztlich in der Vereinigung mit dem allumfassenden Bewusstsein, Gott. Um dieses Ziel zu erreichen, scheint eben die Besinnung auf das 1. Bewusstsein Voraussetzung zu sein. Dies aber gelingt jeder Seele im Laufe ihrer Entwicklung früher oder später. Die katholische Kirche hat es verstanden, die Furcht vor der Verdammnis in diese und andere Passagen hinein zu interpretieren. Denn wenn ich die Entwicklung der Seele auf ein einziges irdisches Leben – ganz gleich wie kurz es sein mag – reduzieren will, dann muss sich jeder beeilen und wird immer mit seiner Unzulänglichkeit hadern und sich in Gewissensqualen ergehen, weil er bei der Komplexität der Lebensprobleme nicht fehlerfrei leben kann. Es gibt dann keine wirkliche Entwicklungsmöglichkeit. Neben den zahlreichen Morden, die die katholische Kirche im Laufe ihrer Geschichte zu verantworten hat, ist dies ihr größtes Verbrechen: den christlichen Glauben pervertiert zu haben.

Es fällt mir heute recht leicht, eine innere Leere herzustellen und zu warten, was kommt. Es geschieht bspw., dass sich das Bild von Marcel verändert, ähnlich wie bei der Trauerfeier. Damals hatte ja nicht nur ich diese Veränderung wahrgenommen.

Das völlige Abschalten der Gedanken, das Anhalten des „inneren Dialoges" eröffnet mir – und ich behaupte jedem Menschen – den Zugang zu anderen Formen der Realität, die neben der unseren existieren. Denn wie zuvor ausgeführt, ist Realität relativ. Wir Menschen haben uns auf eine Realitätsauffassung innerhalb eines bestimmten Toleranzspektrums geeinigt. Mit „Toleranzspektrum" will ich zum Ausdruck bringen, dass nicht jeder Mensch genau dasselbe für Realität hält wie ein anderer. Verlässt aber jemand dieses „Toleranzspektrum" kann er auch als „geisteskrank" eingestuft werden. Die „Toleranzspektren" variieren von Kultur zu Kultur ein wenig.

Die Realitätsempfindung oder Realitätsanschauung wird durch den „inneren Dialog" des Individuums aufrechterhalten. Der „innere Dialog" hilft, im Spektrum der allgemein gültigen Realitätsnorm sich zu bewegen und anzupassen und so allgemein von der Gesellschaft akzeptiert zu werden.

Mit meinem äußeren Auge erlebe ich unter völliger Ausschaltung von Gedanken also die Veränderung dieses mystischen Bildes.

Marcel verändert sich in seiner Gestalt dahingehend, dass aus ihm Markus, mein verstorbener Neffe wird. Weitere Veränderungen zeigen beide in unterschiedlichen Zeiten ihrer diesseitigen Existenz bis zu den Zeitpunkten ihrer frühen Kinderzeit.

Diese meine Wahrnehmung verändert sich wieder unmittelbar in „unsere allgemein gültige Realität", wenn ich den „inneren Dialog" wieder einschalte, also bspw. denke: „Huch, was ist denn nun los!"

Es geht also darum, die veränderte Realität auszuhalten und einfach nur zu erleben, ohne zu interpretieren oder sich anderweitig Gedanken zu machen.

Vor meinem inneren Auge tauchen manchmal Personen der jenseitigen Welt auf. Ich warte dann, ob eine Kommunikation hergestellt werden kann. Dieses ist meistens nicht der Fall, aber es geschieht hin und wieder und das ist recht aufbauend.

20. Kapitel: Medien und Geistheiler aus GB (Okt. 2009)

Dieser Kongress lief vom Inhalt ähnlich ab, wie der vor einem Jahr. Wurden Ully und ich damals nicht aus der geistigen Welt angesprochen (außer in meiner Einzelsitzung bei Patricia Thomas), so schienen sich dieses Mal einige mit uns verbundene Seelen inzwischen auf die im Kongress vorherrschende Situation eingestellt zu haben und nahmen den Kontakt auf.

Die erste Sitzung im Plenum wurde von Frau Doris Forster eröffnet. Ihr Anliegen war es, den Seelen, Geistern oder Energien, die sich ihr präsentieren, Gehör zu verschaffen und deren Botschaften an den richtigen Adressaten aus der physischen Welt zu bringen.

Sie begann ihre Sitzung, in dem sie zielstrebig auf mich zuging. Ich saß zwischen meiner Ehefrau Ully und Petra, der Mutter von Rebekka, die dieses Mal mitgekommen war.

„Hier ist eine ältere mütterliche Frau, die zu dir sprechen will! Ist deine Mutter noch in der physischen Welt?" –

„Ja!"

„Dann handelt es sich um deine Großmutter. Sie sagt, du machst dir große Sorgen und sie will dich entlasten. Sie zeigt, wie Münzen von oben in einen Sack regnen und will dir damit anzeigen, dass sich deine körperliche, geistige und seelische Gesundheit und Kraft immer wieder auffüllt und du keinem Mangel ausgesetzt sein wirst. ...

Nun kommt ein junger Mann durch. Er sagt, er sei plötzlich durch einen Unfall gestorben. Hätte er überlebt, wäre er geistig behindert gewesen. Dies hätte er nicht gewollt. So sei es besser für ihn. Zwar hätte er zunächst Probleme gehabt, sich in der geistigen Welt zurecht zu finden; dies sei nun aber längst vorbei. Er fühle sich wohl in der geistigen Welt. Er sagt, ich hätte häufiger Verbindung zu ihm."

Ich bejahte diese Verbindungen, weil ich inzwischen sicher bin, sie mir nicht einzubilden.

„Manchmal bis du froh, meine Musik nicht mehr hören zu müssen; du fandest sie grässlich. Aber" – so führte Frau Forster aus eigener Initiative aus – „mach das ruhig mal, höre seine Musik, er findet das dann gut und freut sich – ahhh, jetzt höre ich diese Musik, ist ja wirklich grauenvoll. – Nun, er sagt, er sei häufiger bei euch, v. a. auch bei den Feiern (zu seinem Geburtstag und seinem Todestag), die ihr mit seinen Freunden feiert. Er feiert doch so gerne. Bald hat jemand Geburtstag. Sagt dir der Name Michael etwas?"

Ich überlegte kurz, dann fiel mir ein, dass „Michael" der Name des Lebenspartners von Petra ist. Sein Geburtsdatum kenne ich nicht, aber Petra bestätigte, dass Michael in einigen Tagen Geburtstag hat.

„Grüsst Michael von mir!"

Mit diesem Gruß endete die Begegnung Marcels und meiner Oma. Ich dachte ergebnislos darüber nach, um welche Oma es sich handelte. Frau Forster, die nun von anderen Seelen frequentiert wurde, ging auf die dazu gehörenden Kongressteilnehmer zu.

Später hatte ich eine Einzelsitzung bei Frau Forster.

Hinsichtlich der Einzelsitzungen ist es „Zufall", welchem Medium jeder Kongressteilnehmer zugelost wird. Die Einzelsitzung ist also nicht wegen der vorherigen Durchsage von Frau Forster beabsichtigt.

Meine Oma wurde nun in ihrer Identifikation und in ihren Aussagen spezifischer:

Sie teilte mit, dass sie die Mutter meiner Mutter sei. Sie habe zu mir stets eine enge Verbundenheit verspürt und diese gegenseitige Liebe gehe niemals verloren. Sie wolle, dass ich zwei Dinge weiß:

Sorgen um meine Mutter – ihre älteste Tochter – seien unnötig. Ihr gehe es gut und irgendwann – niemand außer Gott weiß den Zeitpunkt – werde sie in einer Art und Weise in die geistige Welt übergehen, die sich jeder wünscht. Sie werde friedlich die physische Welt verlassen und sie werde sie in der geistigen Welt empfangen.

Sie würde mir gerne eine Vitaminspritze geben, denn ich sei kurz vor meinem Ziel angekommen. Es scheine so, dass ich einen steilen Berg hinaufgegangen sei, und nun gehe mir auf dem letzen Anstieg die Puste aus. Aber ich solle keinesfalls schlapp machen. Die größtmögliche Katastrophe hätte ich bereits überstanden und etwas Tragisches geschehe in meinem Leben nicht mehr.

Und nun erschien Marcel noch einmal in der Wahrnehmung der Frau Forster. Er teilte mit, er habe die Oma heute vorlassen müssen wegen dieser für mich bedeutsamen Mitteilungen. Er fahre nun Motorrad in der geistigen Welt, in der sich ja Vorstellungen realisierten. Ich hätte in der physischen Welt sicher Angst gehabt, wenn er dort Motorrad gefahren wäre, aber hier könne nichts passieren.

Ich sprach dann mit Frau Forster über eine Frage, die ich in den vergangenen Kapiteln immer wieder mal in den Mittelpunkt gestellt habe: Ist das Ende des Lebens im physischen Körper vorherbestimmt? Ich benenne dann auch noch einmal die drei Phänomene, die auf den bevorstehenden Übergang von Marcel von der physischen in die geistige Welt hinwiesen:
unser Hund, der in sein Bett pinkelte,
die Stimme, die ich auf dem Weg zum Bahnhof vernahm,
das mehrstündige Gespräch, das Marcel in der Nacht vor dem Unfall führte und in dem er eine ausführliche Lebensbilanz zog.

Frau Forster meinte, sie habe viele Beweise dafür, dass die Seele wisse, wie viel Zeit ihr im physischen Körper zur Verfügung stehe. Sie könne sich so tatsächlich auf den Übergang in die geistige Welt vorbereiten. Frau Forster erzählte von Beweisen aus ihrem persönlichen Leben, die ich hier natürlich nicht wiedergebe.

Ich verstehe, dass eben die Seele um die Daseinsdauer in der physischen Welt Bescheid weiß, ohne dass sie dieses Wissen dem 2. Bewusstsein zugänglich macht.
So verhält sich der Mensch einerseits so, als bereite er sich auf seinen Über-

gang vor, andererseits steht er aber – wenn er wie Marcel gesund ist – „ mit beiden Beinen im Leben", auch Sekunden vor dem Übergang. Aber es kommt eben doch vom I. Bewusstsein initiiert zu Verhaltensweisen, die den irdischen Lebenslauf abrunden, wie bei Marcel intensivere Formen der Verabschiedung von wichtigen Menschen und das Ziehen einer Lebensbilanz.

Bei Ullys Einzelsitzung bei Bryan Gibson meldete sich Ullys Vater. Er nannte sich Johann. Er weiß, dass Ully orthopädische Probleme hat und schickte ihr Heilung genau wie seiner Frau, die auch krank sei, obwohl sie in ihrem Auftreten jung geblieben sei.
Dann trat Marcel wieder in den Vordergrund.
Er mache Spaß, sagte Bryan. „Sagt dir der Monat April etwas?" fragte er Ully.
„Ja, da habe ich Geburtstag", antwortete sie
„Den vergisst er nicht mehr", sagte Bryan.
Diese Aussage hat nun wieder eine sehr hohe Beweiskraft in Bezug auf die tatsächliche Anwesenheit von Marcel. Er hatte nämlich im April 2006 den Geburtstag seiner Mutter vergessen, was ihm damals sehr peinlich war.
Bryan sprach nun von einem Hund in der geistigen und der physischen Welt.
„Stimmt!" sagte Ully.
Der Hund im Jenseits sei ihr sehr wichtig gewesen; der Hund im Diesseits sei ihr Baby. Der jenseitige Hund sei stets bei Marcel.
Marcel stellte dann zutreffend fest, wir kämen sehr gut mit seiner Freundin aus. Sie sei sehr hübsch und vermisse ihn auch heute noch. Sie sei die Tochter für Ully, die sie nie gehabt habe. Sie werde Partner haben, aber der Kontakt zu uns würde immer bleiben. Er sei stolz auf sie und auf das, was sie mache.
Sein Vater sei freiberuflich tätig und fahre viel mit dem Auto. Er würde häufig mitfahren.
Marcel sei sein Aussehen auch heute noch wichtig, fuhr Bryan fort.
Er zeigte nun auf Ullys Haare und fragte, ob sie diese farblich verändert hätte. Marcel zeige ihm die Farbe „rot".
Ully bestätigt, dass sie oft rote Strähnchen in den Haaren hatte, als Marcel noch in der diesseitigen Welt weilte.

Sie solle das wieder machen, übermittelte Marcel.

Ihr Schwiegervater (mein Vater) sei auch da. Er hätte also Kontakt zu beiden Opas.

Es gäbe in unserer Wohnung eine Wand mit vielen Fotos.

Ully arbeite mit Menschen. Bryan nannte die Begriffe „Lehrer", „Therapeut", „Pflege". Wie wahr: Ully arbeitet seit vielen Jahren als Dozentin in einem Fachseminar für Altenpflege, eigentlich ist sie aber Therapeutin.

Sie wolle immer der Boss sein. Ully erwähnte Bryan gegenüber nun ihre berufliche Tätigkeit.

„Dann gehört das ja dazu", sagte er und lächelte.

Marcel wäre oft bei ihr. Er würde viel lachen und hätte seinen Spaß mit uns.

Wir wären eine sehr kleine Familie und er wäre häufig bei uns, seiner Freundin und seinen Freunden, denn alle würden noch viel an ihn denken.

Zum Schluss lachte Marcel und meinte, Ully hätte ein Notebook und würde dieses häufig benutzen.

Ja, das ist so: Sie liest und schreibt jeden Tag im LoD-Forum.

Bryan Gibson arbeitet im Plenum der Kongressteilnehmer mit John Brett zusammen.

John beginnt dabei, ein Portrait einer Persönlichkeit aus dem Jenseits zu zeichnen. Er charakterisiert dabei die dem Portrait entsprechende Persönlichkeit aus ihrer Zeit im Diesseits. Nach einigen Sätzen löst ihn Bryan Gibson hinsichtlich der Charakterisierung der Person ab, die da gerade von John Brett gezeichnet wird. Letztgenannter konzentriert sich nun ganz auf seine Portraitzeichnung.

John begann wie stets auch dieses Mal mit dem Zeichnen der Augenbrauen und teilte mit, es handele sich um einen eher mürrischen Mann, der nicht gern über seine Gefühle gesprochen habe. Ully flüsterte mir in diesem Moment zu: „Jetzt kommt mein Vater!"

In diesem Moment übernahm Bryan Gibson das Wort und sagte:

„Er heißt Hans!" Brian bekam nun also den anderen Namen, unter dem Ullys Vater bekannt war!

„Hans" stand auf der Klingel und im Telefonbuch; den Namen „Johann" wiesen lediglich Geburtsurkunde und Personalausweis aus.

Ully meldete sich, da sie ihren Vater erkannte.

Bryan betonte, dass Hans einen starken Willen gehabt habe und stets tat, was er wollte.

Dieses zutreffende Charakteristikum wird im 2. Kapitel deutlich, als Hans seinen Willen durchsetzte, um die physische Welt zu verlassen und seinem Enkel zu folgen.

Er teilte nun mit, dass wir uns sicher wundern würden, dass ausgerechnet er hier vor dem gesamten Publikum zu uns komme, denn so etwas hätte er in der Vergangenheit mit Sicherheit nicht gemacht. Er wollte nie im Mittelpunkt stehen und schon gar nicht etwas Persönliches preisgeben. Aber er wolle nun seiner Tochter Liebe und Heilung schicken, weil er spüre, dass sie dies zurzeit brauche.

Er selbst hätte Herzprobleme gehabt.

Uns sei ja wohl klar, dass er früher diesen jetzt stattfindenden Vorgang für unmöglich gehalten hätte. (Wahrscheinlich hätte er mürrisch gesagt, wir seien nicht ganz dicht und so dämlich, dass wir uns das Geld aus der Tasche ziehen lassen.)

Er habe hier nun auch seinen Enkel bei sich und sie verstünden sich wie schon in der physischen Welt sehr gut. Da sei auch noch eine junge Frau, die mit Marcel bei dem Unfall die Seiten gewechselt hätte. Es gehe ihnen gut. (Ich erzählte bei der Beschreibung des Unfalls zu Beginn, dass neben Marcel auch Anna K. bei dem Unfall starb.)

Der Umgang mit ihm sei oft schwierig gewesen. Er war nicht einfach. Doch seine Frau vermisse ihn auch heute noch sehr.

Jetzt wird von Bryan der Name „Wilhelm" genannt. So heißt Hans' Schwiegervater im Jenseits und sein Schwager im Diesseits.

Bryan sagt im Tonfall meines Schwiegervaters:

„Wen ich mag, den mag ich, und wen ich nicht mag, den mag ich eben nicht! Und daran hat sich nichts geändert!"

21. Kapitel: Wir haben unendlich Zeit!

Zusammenfassend beziehe ich nun abschließend Stellung zu den Fragen und Antworten, die für Eltern verstorbener Kinder bedeutsam sein mögen. Denn der Antrieb, dieses Buch zu schreiben, lag in der eigenen psychischen Bewältigung des Unfalltodes meines Sohnes und – sollte mir dieses gelingen – in der Weitergabe dieser Bewältigungsmöglichkeit für andere ähnlich betroffene Menschen.

Ist mein Kind noch existent?
Ja, denn unsere duale Welt ist eher eine Illusion oder ein Spielfeld. In der Spannung dieses Feldes erleben und lernen wir etwas. Nach dem Absolvieren der für diese Inkarnation vorgesehenen Lernschritte kehren wir in unsere wirkliche Heimat zurück. Vergleichen möchte ich diesen Vorgang mit der Heimkehr von der Arbeit nach Hause. Es sind nun Pause und Entspannung angesagt. Bis zu unserer letzten Rückkehr in unsere Heimat sind wir Wanderer zwischen den Welten, der geistigen Welt und der physischen Welt, zwischen Jenseits und Diesseits. Die im 8. Kapitel (Reinkarnation) aufgeführten Indizien verfügen über genügend Beweiskraft für diese Schlussfolgerung. Auch die in den Kapiteln 7 (Sterbeforschung) und 9 (Quantenphysik) angeführten Erkenntnisse und die zutreffenden Aussagen der Medien im 3. Teil dieses Buches und eben auch im vorangegangenen Kapitel stellen Indizien dar für diese Wirklichkeit des Wechsels der Seele zwischen Jenseits und Diesseits und ihrer dauerhaften Existenz. Unsterbliches Bewusstsein, nicht Materie bilden die Grundlage des Seins.

Die Stimme, die ich einige Stunden vor dem Unfall vernahm, bereitete mich auf das bevorstehende Unfallgeschehen vor und teilte mir ausdrücklich mit, dass es auf die Verbindung von Marcel und mir keinen wesentlichen Einfluss haben wird.
Die Stimme, die mich dann am nächsten Morgen gemeinsam mit der Helligkeit in Marcels Zimmer erreichte, verdeutlichte mir, dass alles in Ordnung sei; es sei unnötig, mich um Marcel zu sorgen.
Das Erleben dieser Stimmen im Zusammenhang mit dem dramatischen

Geschehen fasse ich als deutliche Mitteilung über die hier von mir beschriebenen Zusammenhänge von Jenseits und Diesseits auf, von der geistigen und der physischen Welt und der Unsterblichkeit universellen und individuellen Bewusstseins.

Beeindruckend ist dann auch die Parallele der Aussage der 2. Stimme und unseres Erlebens bei dem Medium Frau Marita Lautenschläger. Erfuhren Ully und ich hier doch durch Marcel, dass nicht er diese Aussage der 2. Stimme getroffen habe, sondern sein Geistführer. Er aber sei wenige Minuten nach dem Unfall zu Hause eingetroffen und sei in die Küche zu Ully gegangen.

Auch ich habe mich ja nach dem Hören dieser 2. Stimme in die Küche begeben, um Ully von der Stimme zu berichten. Wir wussten beide zu diesem Zeitpunkt von dem bereits geschehenen Unfall nichts.

Die Bestätigung von Marcel durch das 4. Medium Frau Patricia Thomas auf dem Kongress der Medien und Geistheiler aus Großbritannien 2008 über seine gelegentliche Präsenz während meiner Meditation ist ebenso beeindruckend wie seine Kenntnis, dass ich bis zu diesem Zeitpunkt davon ausging, mir diese Verbindung zu ihm lediglich einzubilden.

Ich kann Meditation als Weg empfehlen, Kontakt zu den „verstorbenen" Kindern (natürlich auch zu Geschwistern, Eltern u. a. nahe stehenden Menschen) aufzunehmen. M. E. wird es klappen, wenn man diesen Kontakt nicht verbissen herbeisehnt und erzwingen will, sondern stattdessen wie von mir beschrieben gelassen eine innere Leere herstellt. Die Leere in mir, das Abstellen des inneren Dialogs, der Gedanken, Vorstellungen und Wünsche schafft offenbar den Raum für die Aufnahme der Schwingungen aus der geistigen Welt.

Inzwischen meditiere ich ohne jede Absicht. Ich komme zur Ruhe und stelle den inneren Dialog ein. Welche Ausrichtung die Meditation annimmt, bestimmt sich nun ohne meine Gedanken.

Häufig konzentriere ich mich auf mein rechtes Knie oder gelegentlich auf eine andere Stelle meines Körpers, die schmerzt. Mein rechtes Knie ist inzwischen soweit wieder hergestellt, dass ich die Treppe ohne wesentliche Schmerzen auf und ab gehen kann.

Manchmal konzentriere ich mich auf andere mir wichtige Menschen und deren Wohlergehen.

Hin und wieder erscheinen mir nahe stehende Menschen der geistigen Welt vor meinem inneren Auge. Der mit ihnen dann geführte Dialog unterliegt nicht der Kontrolle meines 2. Bewusstseins, sondern wird von meinem 1. Bewusstsein und der Seele des „Verstorbenen" geführt.

Eltern verstorbener Kinder mögen nachdenken, ob Tage oder Wochen vor dem Tod eine Verhaltensänderung bei ihren Kindern zu beobachten war. Vielleicht haben sich auch persönliche Einstellungen, Wertvorstellungen oder der Bezug zu materiellen Dingen verändert.

Es gibt die begründete Vermutung, dass selbst plötzlich Verstorbene die üblichen Sterbephasen durchleben, ohne etwas von ihrem bevorstehenden Tod zu ahnen. Aber sie zeigen den wissenschaftlich nachgewiesenen Sterbephasen entsprechende Verhaltensweisen.

Meine gegenwärtige Erkenntnis geht von der Vorherbestimmung des Todeszeitpunktes für jeden Menschen aus. Vor dem Übergang in die geistige Welt geschehen Klärungen und Verabschiedungen. Das Leben in der physischen Welt wird reflektiert und bilanziert.

In der Tiefe des 1. Bewusstseins (Individualität / Seele) ist das Wissen um den Zeitpunkt des Übergangs aus der physischen Welt in die Heimat der geistigen Welt vorhanden. Dieses Wissen dringt aber bis zum 2. Bewusstsein (Person / Psyche) nicht vor. Meine Annahme vom Feststehen des Zeitpunktes dieses Wechsels der Welten bei Marcel wird durch die Stimmen, die ich hörte und das einmalige Verhalten unseres Hundes untermauert.

Die Annahme des ständigen Wechsels der Seelen zwischen jenseitiger und diesseitiger Welt schließt die Gerechtigkeitslücke, die vielfach und andauernd von uns Menschen beklagt wird und meist der Inkompetenz oder Grausamkeit Gottes oder eines „Zufalls" angelastet wird.

Warum musste er so jung sterben?

Warum lässt Gott Hunger, Grausamkeit, Erdbeben und Unfälle zu?

Warum hat der angeblich „Gerechte" ein schweres Schicksal zu erleiden? Alles unsinnige Fragen, die aus der Ignoranz der Unendlichkeit des Bewusstseins und der individuellen Seele herrühren. Denn der früh „Gestorbene" lebt ebenso ewig wie der 100-jährige. Nicht Gott sondern wir selbst sind die Initiatoren unseres Schicksals.

Seit der Entstehung der physischen Welt (Urknall) aus der Kraft des ewigen Bewusstseins („Zuerst war das Wort und das Wort war bei Gott!") begegnen sich Quanten. Sie verschränken sich und gehen Verbindungen ein (vgl. 9. Kapitel).
Mein Körper besteht aus ungezählten Elementarteilchen, die im Laufe ihrer Existenz auch schon Verbindungen zu den Elementarteilchen anderer lebender und nicht-lebender Körper eingegangen sind.
Dies mag eine Erklärung sein für Gefühle von Verbundenheit, Sympathie und auch telepathischer Wahrnehmungen.

Ist die Seele als Quantenenergie aufzufassen?
Manche Quantenphysiker gehen davon aus, dass es bald möglich sein wird, diese seelische Energieform zu messen und so zu beweisen. Dieser Beweis ist dringend erforderlich, damit das zunehmende Chaos auf diesem Planeten bewältigt werden kann. Die ständig steigende Komplexität überfordert uns Menschen eindeutig. Die Umweltzerstörung wird in absehbarer Zeit unweigerlich zum Chaos führen. Die Politik unternimmt außer sinn- und ergebnislosen Konferenzen nichts, um das Chaos abzuwenden.

Es ist zu befürchten, dass die Menschen zur „Wahrung ihrer Interessen" oder besser gesagt ihrer nackten Existenz aufeinander einschlagen werden.
Diese groß angelegte Vernichtung könnte durch die Einsicht in die Unsterblichkeit der Seele, also des individuellen Bewusstseins abgewendet werden. Wir sind Wanderer zwischen den Welten. Aber unsere Heimat ist die geistige Welt. Die physische Welt ist lediglich ein Spielfeld. Diese Einsicht führt zu Gelassenheit. Mein Wohlergehen in der physischen Welt ist eher von untergeordneter Bedeutung, auch wenn ich den Spaßfaktor

nicht ausblenden will. Meine seelische Entwicklung über alle „Zeiten" hinweg ist wichtig. Zeit an sich ist nicht existent.

Wenn ich um meine Unsterblichkeit weiß, hindert mich der Selbsterhaltungstrieb nicht, bestimmte Risiken einzugehen, um mein seelisches Wachstum zu fördern und die Verbundenheit mit anderen Geschöpfen zum Ausdruck zu bringen. Die christlichen Märtyrer beispielsweise haben dies gewusst.

Ich habe hinsichtlich der Unsterblichkeit der Seele keine Zweifel mehr. Es handelt sich heute für mich nicht mehr – wie vor dem 3. März 2007 – um eine Glaubensfrage.

Heute stellt sich mir vielmehr die Frage, welche gesellschaftlichen Gruppen aus welchen Interessenslagen heraus bisher erfolgreich verhindern, dass sich die Gewissheit hinsichtlich der dauerhaften Existenz einer jeden Seele und der universellen Energie, aus der ALLES hervorging (GOTT) durchsetzt. Die Einsichten der bedeutendsten Physiker unseres Planeten, die ich zitiert habe, sind mehrere Jahrzehnte alt. Doch die von Technik faszinierten Menschen, schauen auf die Computer, das Internet und die Atomwaffen, die diese Physiker möglich machten, nicht aber auf die philosophische Bedeutung ihrer Erkenntnisse, Forschungen und Aussagen.

Auch Sterbeforschung, Reinkarnationsforschung und Reinkarnationstherapie sowie die Arbeit der medial begabten Menschen führen ein nicht zu erklärendes Schattendasein in dieser Gesellschaft. Wieso ist es bis jetzt erfolgreich gelungen, die Erkenntnisse aus diesen Forschungsbereichen ins Abseits zu drängen und die Tätigkeit der Menschen, die Jenseitskontakte herstellen können, trotz gegenteiliger Beweise in ihrem Wahrheitsgehalt anzuzweifeln?

Ich habe viele Menschen kennen gelernt, die all das, was ich in diesem Buch geschrieben habe, für nicht weiter verwunderlich halten. Sobald ich berichte, erzählen sie auch. Endlich jemand, dem sie ihre in dieser Gesellschaft als nicht „normal" akzeptierten Erlebnissen schildern können.

Ich bin hier jetzt bewusst vom Thema abgekommen – aber es handelt sich um eine Eingabe, dies so zu schreiben: Das Wissen um die eigene Unsterblichkeit löst letztlich die Probleme auf diesem Planeten; die weitere Ignoranz dieser Tatsache wird den größten Teil der Menschen – natürlich lediglich bezogen auf das Diesseits – umbringen.

Zum Schluss:
Im Laufe der vielen Inkarnationen treffen unsere Seelenenergien auf immer mehr andere Seelenenergien. Dies vermehrt die Menge der Verbindungen bis letztlich alle Verbindungen hergestellt sind und alle Seelen über ein Höchstmaß an Liebe und Erkenntnis verfügen.

Als Trost für die Eltern verstorbener Kinder sei gesagt, dass wir eine eindeutig tiefe Liebe und Verbundenheit zu einer anderen Seelenenergie eingegangen sind, die in Ewigkeit unzerstörbar ist. Die Unzerstörbarkeit können wir noch zu „Lebzeiten" durch Meditation und mit Hilfe von medial begabten Menschen erfahren.

Nachwort

„Ich war auch vor dem 3. März 2007 der Überzeugung, dass es sich bei allem und wirklich bei allem, was mir in diesem Leben widerfährt, um Herausforderungen handelt, an denen meine Seele wachsen kann." So begann ich das 1. Kapitel.

Hatte ich nach dem „Tod" meines Sohnes zunächst Zweifel, dass diese Überzeugung auch für das schlimmstmögliche Ereignis zutrifft, so weiß ich heute, dass selbst solche Katastrophen dem irdischen Gesetz der Dualität unterliegen.

Ich musste etwas machen, um nicht einen negativen Pol der Dualität auf-zugreifen: z. B. mich selbst oder den Unfallfahrer umzubringen.

Wenn ich nun behaupte, einen positiven Pol des Dramas erfasst zu haben und hier Erfahrungen schildern konnte, die ich ohne den „Tod" meines Sohnes nicht gemacht hätte, müsste ich fast dankbar sein für mein Schicksal.

Aber wenn ich heute am 14 November 2009 – also gut 32 Monate nach dem Unfall – die letzten Worte dieses Buches schreibe und über meine geäußerten Inhalte nachdenke, so würde ich doch alles – eben auch die neuen Erfahrungen – hingeben, um am 2. März 2007 zu Hause geblieben zu sein, auf meinen Sohn zu warten und ihn über Nacht vom Verlassen des Hauses abzuhalten.

Was wäre dann passiert?

Das ist eine theoretische Frage, die sich auf dem Hintergrund meiner Darstellungen fast verbietet. Die Zeichen waren zu klar. Marcels und mein Schicksal und natürlich auch das von Ully und Rebekka waren vorgezeich-net.

Ully hat fast gleiche Anschauungen entwickeln können, so dass wir uns austauschen und gegenseitig aufrichten konnten. Sie war auch ein kri-tisch – wohlwollender Leser dieses Buches. So half sie mir mit weiterfüh-renden Ideen und v. a. mit ihren besseren Erinnerungen an Details aus dem Leben von Marcel.

Ich lernte Menschen aus meiner unmittelbaren Umgebung schätzen, die nie aufdringlich waren, aber immer um uns herum, um uns psychisch zu stabilisieren.

Ich danke ihnen und Ully, die mich nach dem 3. März am Leben gehalten haben. Nur dadurch konnte ich die geschilderten Erfahrungen machen und aufschreiben.

Literaturverzeichnis

1   Carlos Castaneda: „Die Kraft der Stille – Neue Lehren des Don Juan", Fischer TB 10926, 1996
2   Bernhard Jakoby: „Alles wird gefügt – Hilfe im Umgang mit Tod und Trauer", Verlag Langen Müller 2005
3   wie (2)
4   Bernhard Jakoby: „Das Leben danach – Was mit uns geschieht, wenn wir sterben? Rowohlt TB, 5. Aufl. 2007
5   wie (4)
6   Ion Stevenson: „Wiedergeburt – Kinder erinnern sich an frühere Erdenleben", Aquamarin-Verlag 1997
7   Ion Stevenson: „Reinkarnationsbeweise – Geburtsnarben und Muttermale belegen die wiederholten Erdenleben des Menschen", Aquamarin-Verlag 1999
8   wie (6)
9   wie (6)
10 Helen Wambach: „Seelenwanderung", Goldmann-Verlag 1984
11 wie (10)
12 Alexander Gosztonyi; „Die Welt der Reinkarnationslehre", Windpferd-Verlag 1999
13 Brian L. Weiss: „Die zahlreichen Leben der Seele, Die Chronik einer Reinkarnationstherapie", Goldmann Arkana Verlag, 3. Aufl. 2005
14 wie (13)
15 Anton Zeilinger: „Einsteins Spuk", Goldmann-Vlg. 2005
16 wie (15)
17 wie (15)
18 wie (15)
19 Anton Zeilinger: „Einsteins Schleier", Goldmann-Vlg. 2007
20 Klaus-Dieter Sedlacek: „Unsterbliches Bewusstsein", Verlag Books on Demand GmbH 2008
21 wie (20)
22 wie (6)

23 Erwin Schrödinger: „Geist und Materie", Diogenes TB 21782, 1986, Copyright Cambridge University Press 1958

24 wie (23)

25 Max Planck: Rede in Florenz 1944, Quelle: Archiv zur Geschichte der Max Planck Gesellschaft

26 Taisha Abelar: „Die Zauberin, die magische Reise einer Frau auf dem toltekischen Weg des Wissens", Hans-Nietsch-Verlag 2008, 1992 by Taisha Abelar

27 wie (1)

28 wie (1)

29 Bernhard Jakoby: „Keine Seele geht verloren", rororo 2006

30 Gregg Braden: „Im Einklang mit der göttlichen Matrix", Koha-Verlag 2007

31 wie (30)

32 wie (30)

33 Bernhard Jakoby: „Begegnungen mit dem Jenseits", rororo 2006,

34 Concetta Bertoldi: „Sehen Tote wirklich alles?". Knaur Mens Sana Verlag 2008)

35 wie (34)

36 wie (34)

37 Paul Meek: „Der Himmel ist nur einen Schritt entfernt", Knaur Mens Sana-Vlg. 1999

38 Beate Bunzel-Dürlich: „Medialiät und Hellsichtigkeit, Das Lehrbuch, Subtile Wahrnehmungspotentiale erkennen und trainieren", Windpferd-Verlag 2007.

39 wie (38)

40 wie (38)

41 wie (38)

42 Varda Hasselmann / Frank Schmolke:
– „Welten der Seele", Goldmann-Verlag 1993
– „Weisheit der Seele", Goldmann-Verlag 1995
– „Die Seelenfamilie", Goldmann-Verlag 2001
– „Archetypen der Seele", Goldmann-Verlag 2005